DAS VESPERBILD

ARTHUR MAXIMILIAN MILLER

Das Vesperbild

Briefe der Not und Tröstung

ALLGÄUER ZEITUNGSVERLAG KEMPTEN

Umschlaggestaltung von Heinz Schubert

Copyright 1983 Allgäuer Zeitungsverlag GmbH, Kempten
1. Auflage 1974 beim Winfried-Verlag Augsburg
2. neu gestaltete Auflage, 6.–7. Tausend
Alle Rechte vorbehalten. ISBN 3 88006 086 X
Gesamtherstellung: Allgäuer Zeitungsverlag Kempten

VORWORT

Hier werden Briefe der Öffentlichkeit übergeben, die das Leben selbst geschrieben hat.

Sie sind ein Ausdruck der Not, der Verzweiflung und der Tröstung des menschlichen Herzens.

Die Briefe bewegen sich um ein Schicksal, wie es heute tausendfach den Menschen trifft und ihm das Letzte an Mut und an Ergebung abfordert. Es ist das Schicksal der Krebserkrankung und des Krebstodes. Hier ist es auf seine Weise ausgetragen worden.

Die Schreiber dieser Briefe (ich nenne sie mit ihren Vornamen Elisabeth, Paul und Christine) sind des Glaubens, daß darin für manche in ähnlicher Not stehende Menschen Hilfe und Trost enthalten sei, so wie auch ihnen Hilfe und Trost geschenkt worden ist. Es ist ihnen daher, als dürften sie das, was sie empfangen haben, nicht für sich zurückbehalten.

In solcher Gesinnung haben sie mir ihren Briefwechsel übermittelt mit der Bitte, seine Herausgabe zu besorgen.

Ich gebe hiermit dieser Bitte statt.

Alfred Maximilian Miller

1.

Paul an Bertram

Maria im Getänn, 12. Mai 1969

Lieber Bertram!

Auf einen Brief des Grafen hin bin ich hierhergefahren. Christine hat mich begleitet. Es geht um die sogenannte Maria-Tod-Kapelle — eine beliebte Wallfahrt. Sie ist ziemlich heruntergekommen und bedarf dringend der Renovierung. Der Graf meint, ich könnte das machen.
Wir fuhren also her. Der Name »Maria im Getänn« hat mich immer magisch angezogen. Und vollends, daß die Kapelle im Volksmund »Gut-Tod-Kapelle« heißt. Einen guten Tod, wer wünschte das nicht! Ich nahm mir also Zeit.
Der Ort ist wirklich einzigartig. Ein mäßig weites Felsental, ganz mit Fichtenwald erfüllt. Ein Bach tost hindurch und geht unterhalb der Kapelle zwischen dichten Erlen vorbei. Von oben sieht das silbergraue Steingemäuer herein. Der Ort hat nur ein paar Häuser: Neben der Kapelle das Wirtshaus für die Wallfahrer und die Holzknechte, das gräfliche Forsthaus, ein paar Bauernhöfe und etwas abseits versteckt das gräfliche Jagdhaus. Alles noch wild und urtümlich.
Wir logieren im Wirtshaus. Hölzerne Kammern, ganz primitiv eingerichtet. Der Boden des Hausflurs ist kreuz und quer mit ungeschlachten Holzplatten belegt. Abends hocken die Holzer in der Wirtsstube, rauchen, trinken und führen Gespräche, von denen ich kein Wort verstehe.

Nun die Kapelle.
Sie ist mäßig groß und ganz aus Holz. Ein uraltes Ding, aber keineswegs baufällig. Die Wände rings übertüncht und bemalt. Die Chorwand hat ein Bild: Mariae Tod. Es dient zugleich als Altarbild, davor ist die Mensa aufgebaut. Ich beschreibe es nicht näher, da ich hoffe, daß Du es bald selber siehst. Im Chor lauter Darstellungen aus dem Marienleben, wie das so üblich ist: Mariae Geburt, Verkündigung, Heimsuchung, Christnacht mit Hirten und Königen, Darstellung im Tempel ... Sämtliche von einer Bauernhand, aber bezaubernd durch ihre Naivität. Im Langhaus ein Passionszyklus. Die Bilder beginnen sämtliche zu leiden. Risse, Abschabungen, da und dort plättelt die Farbe ab. Man müßte die leeren Stellen neu festigen und manches ergänzen und auffrischen.

Auf einem kleinen Seitenaltar ein gotisches Vesperbild, etwa um 1400, wenn ich recht schätze. Hohe Qualität, aber gräßlich überschmiert. Es muß einmal irgendeinem Anstreicher in die Hände gefallen sein. Der Eindruck auf mich war auch in diesem Zustand ungeheuer. Ich starrte es wortlos an. Christine neben mir hatte die Augen voll Tränen.

Maria sitzt da (ein Mädchen oder eine Frau), in einem Gewand, das breite, kostbar verzierte Säume hat und zwischen den Knien sich in vielen Falten übereinanderwirft, wie das vom Gesicht herabströmende Weinen. Ihr Haupt ist ein wenig nach rechts geneigt, gegen den toten Sohn hin, den sie auf dem Schoß hält. Der Schmerz zerspaltet ihr Gesicht und läßt den Mund aufklaffen. Sie weint in ihren Schmerz hinein, aber sie ist ganz still dabei. Der

Körper des toten Sohnes, völlig abgemagert, umschreibt eine Figur wie ein herstarrendes Zeichen, ein Fragezeichen. Warum das? Kann das, darf das sein? Die gräßlich aufquellende Seitenwunde, unter der ihre Hand den Körper faßt, ist wie eine ausblühende Rose geronnenen Blutes, alle Wunden sind solche Rosen. Aber das Haupt des Toten ragt über alles hinaus. Es zerbricht jede Komposition. Quer zum Körper, zurückgesunken und so versteift, widersetzt es sich jeder Einbeziehung. Hier ist etwas Jenseitiges, was ins Menschliche nicht mehr eingeht. Und wie muß das Göttliche sein, in dem ein solches Schrecknis aufgehen kann!
Das alles steht in einer Realistik da, die ins Ungeheuerliche geht.
»So sehr hat Gott die Welt geliebt, daß er seinen eingeborenen Sohn gab —«
Wie schrecklich fremd ist das alles! Gehört es denn zu uns? — Wie wir so standen, trat der Graf ein. Man hatte ihm gesagt, daß wir angekommen seien.
Wir gingen zusammen alles durch. Er ist bereit, die Kapelle ganz durchrestaurieren zu lassen, hat die nötige Summe bereit und auch vom Landesamt für Denkmalspflege einen ausreichenden Zuschuß genehmigt bekommen.
Er meint, ich solle es übernehmen. Doch das Ganze liegt mir nicht. Al fresco, ja! Aber auf dieses alte, rohe Holz! Du wärest der rechte Mann dafür, Bertram.
Wenn ich etwas machen möchte, so wäre es das Vesperbild. Ich habe es schon durchuntersucht und da und dort ein wenig an ihm herumgeschabt: die alte Fassung ist unter der Schmiere ziemlich gut erhalten.

Schleier und Mantel der Madonna weiß mit breitem goldenem Saum, das Kleid blau ...
Ich habe dem Grafen alles gesagt, wie ichs empfinde. Ich habe Dich empfohlen und ihm Deine Adresse gegeben. Du wirst demnächst ein Schreiben von ihm erhalten.
Bertram, zusammen hier arbeiten, wäre das nicht fein? Dann die Abende in dieser Einsamkeit, wenn der Bach aus der Tiefe herauftost und der Mond über den Bergzinnen hingeht!
Nimm den Antrag an, Bertram! Und bring Elisabeth mit. So sind wir endlich einmal ausgiebig beisammen. Ein Klavier ist auch hier, gar kein schlechtes, Deinen Bach und Bruckner bringst Du mit, da Du doch ohne sie nicht leben kannst.
Grüße Elisabeth und schreibe gleich.

2.

Elisabeth an Paul und Christine

Fr., 15. Mai

Ihr Lieben!

Leider muß *ich* diesen Brief schreiben. Bertram geht es nicht gut. Eine neue, merkwürdige Sache.
Wir waren auf der Beerdigung von Else Behrend. Es war ein Abschiednehmen fast ohne Trauer, hell, leicht, unbeschwert. Sie wußte seit langem, daß sie Krebs hatte und lehnte Arzt, Krankenhaus, Durchleuchtung, — jede Hilfe, Beeinflussung und Verzöge-

rung des Leidens-Ablaufs ab. Sie schlief einfach friedlich im Sessel ein. —

Bertram war außerordentlich müde, als wir nach Hause kamen.

Drei Tage später hatte Susi, unsere liebe kleine Freundin, ihre Hochzeit. Ihr wißt, Bertram ist ihr sehr zugeneigt und ging mit mir hin, obwohl er sich ziemlich elend fühlte. Während des Mahles wischte er sich mehrmals den Mund und ich sah rote Spuren in seinem Taschentuch.

Als alles vorüber war (man war sehr herzlich und heiter gewesen), offenbarte er sich mir: Schon seit einigen Tagen treten bei ihm überall Blutungen auf. Überall Blutergüsse: Blut im Darm, Blut tritt aus den Poren, aus dem Zahnfleisch ... Die erste Untersuchung gestern früh ergab: Blutplättchenkrankheit. Keine Gerinnung mehr. Zwei Ursachen möglich: Blutkrebs (ich dachte mit Schrecken an Else Behrend!) oder schwere Lebersache. Mit dieser Aussicht verbrachten wir den Tag, bis abends zwecks genauer Diagnose dem Brustbein Knochenmark entnommen und untersucht wurde. Ergebnis: Heftiger zirrhoser Leberschub, schlechter noch als vor zweieinhalb Jahren. Die gefährliche Blutsache ist die Auswirkung davon, kann wohl in circa acht Tagen eingedämmt werden. Klinikaufenthalt wieder wie damals nötig. Aber Bertram will nicht. Seine sämtlichen Arbeiten sind abgesagt. Nun müssen wir weiter sehen und bei allem noch froh sein, daß es kein Blutkrebs ist.

Wie verlockend schilderst Du uns Maria im Getänn. Ich bin sicher, er hätte es angenommen und es wären glückliche Wochen geworden.

Nun aber — denkt an uns!

Nachwort von Bertram

Wie dumm, daß ich so daliege! Wer brockt mir das alles ein? Maria im Getänn interessiert mich. Ich muß doch noch hinkommen.

3.

Christine an Elisabeth

Maria im Getänn, 18. Mai abends

Meine Lieben!

Wieder einmal hat es uns zu gleicher Zeit erfaßt. Bei Paul trat vergangene Nacht eine Lungenstauung auf, er stand auf und trat ans Fenster. Draußen ging der Föhn und die Tannen rauschten.
Heute ist er müde und das Herz sehr unruhig.
Was soll ich sagen? Es gibt nichts, als in die höhere Führung sich hineingeben. Das sieht ganz nach einem frommen Spruch aus; aber ich meine es bei Gott realer als irgend etwas.
So dunkel sich Bertrams Fall in Deinen Zeilen, den Symptomen nach darstellt, ich bin überzeugt, daß man eine Leberschrumpfung aufhalten kann, wenn man in die rechten Hände kommt. Aber welches sind die rechten Hände? D. h. *wo* sind sie? Sie werden sich zeigen, wenn wir suchen und vertrauen.
Eine schlimme Nachricht kommt nie allein. Unser alter Freund, Bruder Aemilian, der Holzschnitzer, ist gestorben. Wir fahren morgen in aller Frühe hier

weg, um ihm das Geleite in die Gruft zu geben. Er wollte mir, so sagte er bei unserem letzten Besuch, noch ein Sterbkreuz schnitzen — nun ruht seine unermüdliche Hand.

Wir wollen fest beisammen bleiben, je dunkler, desto fester.

P.S. Mir fährt ein Blitz durch die Seele. Ich weiß etwas — ich will etwas versuchen. Aber still, man darf es nicht bereden!

Paul an Bertram

Getrost, mein Lieber! Wir haben Zuversicht. Wir haben begründete Zuversicht. Wir sehen uns hier, wenn Du alles überwunden hast. Ich werde das Meine auch hinter mich bringen.

Male Dir indessen unseren hiesigen Ort recht schön aus. Wie wir am Abend mitten unter den Holzern beim Wein sitzen. Denn wir werden zusammen hier arbeiten.

Ich habe den Grafen gesprochen. Er drängt nicht. Wenn es nur dieses Jahr noch gemacht wird, und wenn es erst im späten Herbst wäre. Der Winter zögert manchmal bis in den November hinein.

Er will Dir den Auftrag geben und zuwarten. Aber das hab ich ihm versprechen müssen: Wenn Du nicht könntest oder wolltest, so übernähme ich die Sache.

Alles, alles, alles Gute für Dich!

Gebt gleich wieder Nachricht.

4.

Elisabeth an Paul und Christine

Fr., 24. Mai

»Wenn kein Kahn
da ist, dann
ists, daß man
übern Fluß
geht zu Fuß,
weil man muß.
Sei nicht faul,
alter Gaul,
schicks dem Paul.«

Der Vers entstand in einer leichten Stunde. Was Bertram mit ihm sagen will, ist mir nicht klar. Der Fluß, über den man zu Fuß geht — — —?
Es hat sich dann gleich wieder geändert. Die zwei letzten Bluttransfusionen gingen schief, weil die Venen schon kaputt sind. Wären die ersten auch schiefgegangen, wäre er verloren gewesen.
Der Blutdruck ist auf 95 gesunken. Im Blut sind Antiwärmekörper, weswegen er immer an den Füßen friert. Er ist sehr schlapp. Die Gefahr ist noch nicht vorbei, und er weiß es.
Jeden Tag umfangreiche Blutuntersuchungen.
Es kommen viele erschwerende Momente zusammen: Leber, Blut, Knochenmark, Herz, toxische Neigung, allergische Neigung, Unverträglichkeit der wirksamsten Medikamente...
Woher nehmt Ihr Eure Zuversicht?

5.

Paul an Elisabeth

26. Mai

Liebe Elisabeth!

Wir dürfen an Bertrams Genesung nicht zweifeln. Wir müssen jeden Zweifel ausmerzen. Damit ermöglichen wir ihm die Überwindung. Wir sind fest hinter dem lieben Gott her.

Immer Deine

Paul und Christine

P.S. Bruder Aemilian liegt in seiner Ruhestätte in der Gruft bei den anderen Brüdern, die ihm vorangegangen sind.

27. Mai

Liebe Elisabeth!

Ich rate Dir Folgendes:
Tritt jeden Morgen vor ein Kreuz oder ein Christusbild und sprich hörbar etwa diese Worte:
»Gott, Du hast meine Bitte um Wiederherstellung Bertrams erhört. Ich danke Dir. Laß ihn aufstehen und in einen neuen Raum seines Lebens gelangen!«
Diese Worte unablässig in Gedanken und in der Überzeugung festhalten, gegen alles, was dagegen spricht, und jeden Zweifel augenblicklich abweisen. Die Antwort von oben wird sicher nicht ausbleiben. Der Maßstab Deines Glaubens ist Deine innere Ruhe.

6.

Elisabeth an Paul und Christine

Fr., 29. Mai

Ihr Lieben!

Folgendes hat sich ereignet: Gestern vormittag gegen 10 Uhr fühlte Bertram einen Strom von Wärme von den Füßen an seinen ganzen Körper durchdringen. Sein Frostgefühl verschwand, seine Füße sind warm. Er fühlt sich sichtlich belebt und faßt neuen Mut.
Die Ärzte schütteln die Köpfe. Wie konnten die Mittel, die ihn bisher nur eben so hinfristeten, auf einmal solche Wirkung tun?
Ist es Dein Rat, Paul? Aber ich kann nicht behaupten, daß ich einen zweifelsfreien Glauben aufgebracht habe.
Michael (der Schwiegersohn) hat ständig vereiterte Mandeln mit Gelenkschmerzen und Herzattacken. Er wird Mitte Juni im selben Krankenhaus operiert. — Würde nun auch noch Gabriele dort entbinden, könnten wir Familien- oder Mengenrabatt beantragen.
Ach, wie bin ich erleichtert!

30. Mai

Ich habe den Brief nicht weggebracht. Bertram geht es zusehends besser. Der Chefarzt sah ihn heute lange an, wie man einen bedenklich Kranken ansieht, dann sagte er: »Wissen Sie auch, daß an Ihnen ein Wunder geschehen ist?«

Sollte Paul recht behalten? Sollten wir uns alle vier in Maria im Getänn wiedersehen?

7.

Christine an Elisabeth

N., 3. Juni

Liebe Elisabeth!

Nun ist es Zeit, zu gestehen.
Wir hatten etwas unternommen. Durch eine Mittelsperson sind wir in Verbindung mit dem berühmten englischen Geistheiler Mister Edwards. Ihm haben wir einen Hilferuf für Bertram geschickt.
Und — ich bin fest davon überzeugt — das ist die Antwort.
Denn wir haben vor einigen Jahren schon einen ähnlichen Fall erlebt. Einer unserer alten Freunde bekam nach einer Operation immer erneute Blutungen. Sie setzten jeweils zwei Tage aus und traten dann wieder auf. Die Sache wurde bedenklich.
Da riefen wir Mister Edwards an und schlagartig standen die Blutungen still.
Und dort wie in Bertrams Fall wußte der Kranke nichts von unserer Dazwischenkunft.
Bertram wird nun freilich nicht wie im Evangelium sein Bett nehmen, aufstehen und heimgehen. Aber, das glaube ich fest, die Krisis ist überwunden.

8.

Elisabeth an Christine

Fr., 6. Juni

Ja, wirklich, es heißt nicht: »Nimm Dein Bett und geh!«
Im Gegenteil: Das Herz tut nicht. Bertram ist deprimiert.
Man hat ihm heute eröffnet, daß nächsten Samstag alle Zähne gezogen werden müssen (der Herzbeschwerden wegen, denen man bis heute nicht beikommen konnte) und daß er vielleicht »schon« Ende des Monats nach Hause darf.
Und mich selber will es auch wieder ankommen.
Das ist unsere Standhaftigkeit.
Und doch, wie dankbar müssen wir sein!

9.

Paul an Bertram

N., 7. Juni

Lieber Bertram, weißt Du noch, wie ich vor 20 Jahren auch so im Krankenhaus lag und man keinen Pfennig mehr auf mein Leben setzte?

Eine Embolie nach der andern usw. Da gab es bei mir einen Moment, wo meine Zuversicht nachließ. Ich sackte innerlich ab.

Da nahm der Chefarzt mich vor. Er erschien an meinem Bett und hielt mir eine ganz deftige Standpauke. Ich hätte dem Befund nach keinen Anlaß, der Welt den Rücken zu kehren, so peinvoll gegenwärtig auch für mich die Situation sei. Sich fallen lassen käme überhaupt in keinem Fall in Frage, ich hätte mich als Mannsbild zu schämen usw. Ob ich gesund würde oder nicht, fuhr er fort, liege in meiner Hand. Wenn ich abhauen wolle, so könne ich das ja machen, bloß müßte er mir dann seinen Respekt versagen, und es wäre schade um die aufgewendeten Medikamente ... Er machte dabei ein Gesicht wie Blücher kurz vor Waterloo.
Ich sah nun ebenfalls bemerkenswert dumm drein und merkte, daß man, wenn man schon stürbe, dies aktiv tun müsse, daß ich aber vorerst auf den Posten zurückzukehren habe, an den mich Gott gestellt hat. Wenn es nun zu allem hin noch um Deine Zähne gehen sollte, so lege sie auf den Altar Deiner Familie nieder. Ohne Zähne lebt sichs beträchtlich leichter.
Ich halte Dir fest den Daumen. Fest, sehr fest — beinahe fester als ich kann.
P. S. Ich habe mit dem Grafen telefoniert und ihn dazu überredet, daß er die Restaurierung der Kapelle auf das nächste Jahr verschiebt. Er willigte nur ungern ein, weil dadurch möglicherweise der Zuschuß vom Landesamt in Frage gestellt wird. Aber ich brachte ihn soweit. Weißt Du, wir müssen das zusammen machen. Ich weiß nicht, warum ich mich so darauf freue —. Es soll ein Kabinettstück werden, dem lieben Gott und uns zur Ehre — und vor allem uns zur Freude.
Bis nächstes Jahr sind wir beide wieder völlig auf

dem Damm. Denn mein Befinden, ich gesteh es ehrlich, ist gegenwärtig auch nicht gerade berühmt. Aber — wir schaffen es mitsammen, Bertram — ganz bestimmt!

10.

Bertram an Paul

Fr., 10. Juni

Lieber Paul! Die Zähne sind heraußen. Pfui Teufel! Die neuen wachsen heran. Mir solls recht sein, wenn nur das Herz jetzt Ruhe gibt.

Ich habe noch keine Lust zu schreiben. Die Guttod-Kapelle? Ich sollte ja von jetzt ab, wie Du meinst, mit einer Gutleben-Kapelle zu tun haben. Nun ja, wir wollen sehen. Ich hab bis jetzt das Meinige getan. Kardinal, tu Du das Deine!

11.

Paul an Bertram und Elisabeth

N., 18. Juni

Der Kardinal tut das Seine. Vom Schloß Michelsberg, das geistlichen Frauen gehört, hat man mir die Restauration des Michaelfreskos in der Schloßkapelle angetragen. Ich habe zugesagt, obwohl ich nicht weiß, worum es sich handelt. Hoffentlich nichts Na-

zarenisches, das überließe ich dann lieber einem Maler und Lackierer aus dem nächsten Marktflecken.
Wir sind am Packen und reisen in acht Tagen. Von dort dann Näheres. Manchmal kommt man einem Übel dadurch am besten bei, daß man sich ein offizielles Gesundheitszeugnis ausstellt.
Laßt hören, wie es bei Euch steht.

12.

Elisabeth an Paul und Christine

Fr., 24. Juni

Wenn dieser Brief ebenso drei Tage braucht wie der Eurige, dann bekommt Ihr ihn gerade noch vor Eurer Abreise. Betram ist zuhause, sie haben ihn frühzeitig entlassen. Das Wiedersehen mit den vertrauten Räumen hat ihn sichtlich angegriffen. Aber wir hoffen, daß es jetzt beständig aufwärts geht.
Schreibt, was mit dem Michael vom Michelsberg ist! Und wie lange Ihr voraussichtlich dort sein werdet. Wenn Bertram sich rasch erholen sollte (bei ihm erlebt man die merkwürdigsten Sachen), dann ... Ich liebäugle mit einem Herbstaufenthalt so zwischen Euch und Maria im Getänn, wenn es da herum etwas für uns gäbe.
Aber während ich das schreibe, kommt es mir schon vermessen vor. Alles Gute für den Michelsberg!

13.

Paul an Elisabeth

Michelsberg, 28. Juni

Liebe Elisabeth!

Deinen Brief noch richtig erhalten. Nach einer langen, heißen Fahrt auf dem Michelsberg angelangt. Von der Oberin charmant aufgenommen. Schwarzverschleierte Engel umschweben uns. Wir wohnen in einem Turm unweit der Kapelle.
Den Michael untersucht. Eine große Sache! Romanisch! Lapidar! Ich bin begeistert. Man sieht nicht mehr allzuviel; aber ich sehe alles. Er steht da wie eine Säule und läßt den Spieß in den Rachen eines kleinen Drachenwurmes gehen. Vor allem die Augen! Und dann: Ich habe die Wände untersucht: überall stecken Fresken darunter. Wenn es lauter romanische wären wie in St. Georg in der Reichenau oder Hoch-Eppan, was für ein Fund! Ich zittere vor Hoffnung und Begierde.
Die Oberin habe ich auch schon halb aus dem Häuschen gebracht. Da, das sehe ich voraus, werde ich für lange hängen bleiben.
Wie geht es Bertram? Macht er gut voran? Was haben wir noch gemeinsame Aufgaben!

14.

Elisabeth an Paul und Christine

Fr., 7. Juli

Verzeiht, daß ich nicht schrieb — es gab einen Wirbel, ich will davon nicht schreiben. Überhaupt, ich sehe voraus, daß es eine ziemliche Zeit fortwirbeln wird. Bertrams Krankheit, alles darüber Versäumte, Abmachungen, die nicht eingehalten werden konnten, etc.
Bertram geht es den Verhältnissen entsprechend gut. Er geht schon eine bis eineinhalb Stunden spazieren und liest eifrig seine Kunstzeitschriften. Der Michael interessiert ihn mächtig, so viel ich merke; aber er sagt nicht viel davon. Wenn er nur auch bald wieder könnte! Bleibt Ihr denn den ganzen Sommer und Herbst auf dem Michelsberg?

P.S. von Bertram:
Ich bräuchte einen Michael, der meinem Drachen ins Maul stieße. Dann ginge es schneller.

15.

Paul an Bertram und Elisabeth

N., 20. Dezember

Weihnachten steht vor der Tür (wie alle Jahre, die Tür ist reichlich abgenützt) und ich bin so dumpf und trimslig, daß ich kaum recht schreiben kann. Es

kratzt mich im Hals. Grippe als Weihnachtsgeschenk?
Ich habe viel Werkstattarbeit hinter mich gebracht;
aber am Schluß hatte ich allen Appetit daran verloren ... Schließlich, mitten in der Aufbesserung eines
Agnus Dei, legte ich den Pinsel weg.
Brummschädel! Wenigstens ist Bertram gut auf den
Beinen, daß Ihr ein fröhliches Weihnachten feiern
könnt.

P.S. Der Michelsberger Michael ist nach vielen Unterbrechungen fertig. Die letzte Hand hab ich vor zehn
Tagen angelegt. Er steht wie eine große Erscheinung,
wie ein Traumbild vor mir, wie in den Grund meiner
Augen eingeprägt.
Nehmt diese kleine Studie als Weihnachtsgruß!
Gott Dank, daß bei Bertram das Fieber wieder weg
ist.
Es möge für immer in den Abgrund fahren!

16.

Elisabeth an Paul und Christine

Fr., 25. Dezember

Wir haben die »fröhliche« und ach so »selige« Weihnachtszeit mit lautem Hörnerschall hinter uns gebracht. Alles Trachten gegen die Hetze und nach
Ruhe war vergebliches Bemühen.
Es war ja schließlich auch noch Hochzeit (Dank für
Euer Telegramm!). Fröhlich wars bestimmt, wenn
wir auch nur einmal dazu kamen, die Kerzen am
Christbaum anzuzünden und zu singen.

Am 24. morgens begann es: Das Haustürschloß war kaputt, es war nicht mehr zu öffnen. Und dies plötzlich. Der ganze Parteiverkehr ging durchs Wohnzimmerfenster zwischen den Gitterstäben durch, bis uns der Schlüsseldienst mittags wieder Tür und Tor öffnete. Inzwischen kam Resi mit übervoller, aber auf dem Weg entzweigegangener Einkaufstasche heimgekeucht. Auf den weihnachtlich auf Hochglanz frisch gebohnerten Küchenboden ergoß sich Omas Essigflasche und kurz darauf ein Topf kochenden Wassers, von Gabrieles sicheren Händen gekippt. Als dann Bertram gegen ein halb elf Uhr dem Bade entstieg, waren wir uns einig, daß mit Energie und Entschlossenheit wegen Rudolfs »Weihnachtsskiern« etwas unternommen werden müsse. Sie waren bei Quelle bestellt und noch nicht da. Klarer Fall: Sie sind nicht mehr lieferbar oder kommen womöglich erst Ende Januar. Geschieht letzteres, dann werden sie einfach zurückgeschickt.

Bertram raffte sich auf, strebte zum Sportgeschäft, kaufte Skier, Bindung, Stöcke und rief an: »Ich hab sie! Halte den Rudolf fern von der Haustüre, in fünf Minuten bin ich da.«

Befriedigt legte ich den Hörer auf die Gabel, als Resi mit dem Jubelruf: »Die Quelle-Skier sind da!« ins Zimmer stürzte. Sie wurden durch den Kücheneingang geliefert, die anderen kamen ein paar Minuten später durch die Haustüre. O felix Rudolfe!

Die Heizung streikte erst am Nachmittag und zwar dreimal, am späten Abend aber, als wir im Begriffe standen, uns am Christbaum zu erwärmen, tat sie's wieder. Ich rede nicht von der großen Malmittelflasche, die Bertram sich in seinem Zimmer (da wir die

Werkstatt nicht geheizt hatten) zubereitet hatte, und die wir zerbrochen und ausgelaufen auf seinem Schreibtisch fanden. War es die Mimi gewesen? Die getuschte Federzeichnung, den Stall von Bethlehem darstellend, für mich als Weihnachtsgeschenk bestimmt, war wie Mattglas transparent geworden.
Franz stieß am Abend in die Trompete, die ihm das Christkind gebracht hatte, und wir sangen: »Stille Nacht«...

17.

Christine an Bertram und Elisabeth

N., 31. Dezember

Silvester zu zweien wie alle Jahre! Wir sind in die Werkstatt gezogen. In Gesellschaft der Engel, Heiligen, Apostel und Propheten kommt man am besten über die Schwelle.
Da sitzen wir und schauen auf unsere stummen Genossen hin.
Eine gotische Madonna mit Kind, zauberhaft, das Kind auf die Hüfte gestützt, eine große gewandete Barockkrippe, ein Abraham, der mit dem Messer auf den kleinen Isaak ausholt (dem Engel, der ihm in den Arm fallen will, ist die Hand abgebrochen), eine Barbara mit dem Turm, ein Martin auf einem lustigen Rößlein, vor dem ein alter, bresthafter Bettler kauert, ein bärtiger Jeremias, der vor sich hinausstarrt usw. Wenn Paul die Lampe von der Stelle rückt, dann bewegen sich die Schatten und alles fängt zu leben an.

Wie mag sich Bertram fühlen? Ist er nicht einem Abgrund entstiegen? Gottlob, wir haben uns diesen Herbst noch eine schöne Weile gehabt!
Daß Bertram nicht nach Maria im Getänn wollte, begreife ich. Er hatte ja noch keinen Pinsel in die Hand genommen.
Es ist nah an Mitternacht. Paul macht das Fenster auf. Man hört die Glockenschläge in die Stille fallen. Wir haben keinen Punsch gemacht, wir gehen nüchtern hinüber.
Ihr Lieben, alles Gute für Euch!
Paul sagt: »Das neue Jahr ist da — was wird es bringen?«
Ich las heute bei Rilke (in dem Briefe an einen jungen Dichter), es könne uns nichts widerfahren«, das nicht in unserem tiefsten Wesen zu uns gehört.«
In unserem tiefsten Wesen — ach!

18.

Elisabeth an Paul und Christine

Fr., 31. Dezember

Liebe Freunde ihr!

Eben ist Rudolf weggefahren — zum Silvesterfeiern. Wie fern liegt uns das nach allem, was gewesen ist! Wir, die Alten (Oma und wir) sind allein. Wir sind froh darum. Die ganze letzte Zeit war trüb und gespannt. Bertram wollte seine Arbeit wieder aufnehmen — man drängt ihn, und er muß ja auch wieder verdienen — aber er kam nach kurzen Versuchen immer wieder schweigend aus der Werkstatt zurück. Jetzt hat er sie abgeschlossen und den Schlüssel weggelegt.

Ich hatte einen Traum, vor Tagen — nicht schön, und ich weiß auch nicht, was er mir sagen will: In meinen Händen hielt ich Resis abgehackte Hand und wußte nichts damit anzufangen. Ich dachte daran, sie verschwinden zu lassen, auch die zwei Blutflecken auf meinem Bettuch, die wohl von der Amputation kamen.

Wer hat die Hand abgeschlagen? Ich weiß es nicht.

Vergangene Nacht träumte mir folgendes:

Wir fuhren mit Oma in einen Ort am Meer und zeigten ihr den Strand und das Meer. Das Wasser war sehr bewegt, klar und blau. Eines der Häuser war ins Wasser hinausgebaut, ein Holzsteg verband es mit dem Land. Hinter dem verschlossenen Fenster bewegten sich leicht die Vorhänge wegen des starken Windes von der See her, der sogar durch die Ritzen drang. Einige Meter vor dem Wasser wendeten wir das Auto zur Rückfahrt. Zur Rückfahrt? Ich bin mir nicht klar. —

Es ist Abend. Nun wäre Zeit, zurückzublicken. Aber ich scheue mich davor. Ich wende lieber den Wagen. Nur daß wir uns so lange hatten, ist ein Trost.

Bertram sagte heute: »Wir restaurieren das Vergangene — aber wo ist unsere Zukunft?«

Laßt Euch dankbar umarmen und laßt uns miteinander ins neue Jahr hineingehen — gleichwohl, was es bringt! Wir werden es nicht allein durchzustehen haben.

19.

Christine an Elisabeth

N., 3. Januar 1970

Ein Kranz aus Blumen und Dornen auf einen eisernen Reifen gebunden, das ist das Schicksal. Es kennt kein altes und kein neues Jahr, es läuft in sich fort.
Deine Träume! Es gibt viele Deutungsmöglichkeiten, jede Schule (Freud, Adler, Jung ...) hat eine andere.
Aber wer trifft das Wesen eines Traumes? Wir müßten im Wachen ein Bewußtsein haben, das dem des Traumes gleich ist.
Die Hand — das Tun, das »Handeln«. Der Hausgehilfin: Das Handeln im Alltag, im Haus, im äußeren Dasein. Jemand hat sie abgehauen, und Du weißt nichts mit ihr anzufangen: Dieses Dasein ist im Grunde vorüber — oder es geschieht erst. Dir kommt das nicht geheuer vor und Du möchtest die Spuren vertilgen. Denn man muß ja doch eine Hausfrau und ein Mädchen für alles sein.
Das Meer; die Tiefe der Seele, das Jenseits der Sinne (festes Ufer), das Unbewußte, das alles birgt. Diese Tiefe meldet sich mit Bewegung an. Dahin geht ja auch Eure Fahrt. Die klare, blaue Tiefe soll der Oma, der Alten in der Seele, gezeigt werden. Sie wird ihr Geheimnis enträtseln können. Das künftige Haus soll über diesem Wasser stehen. — Du sollst Deiner Tiefe (auch Schicksalstiefe) bewußt sein. Das Wehen des Windes, das selbst im Innern des Hauses die Vorhänge bewegt, ist das Wehen des Geistes. Es geht um eine ganz andere, ganz neue Art der Existenz.

Denn mit der alten Art ist nicht mehr auszukommen. Schade, daß Ihr den Wagen gewendet habt! Aber es konnte in diesem Augenblick wohl nicht anders sein.

20.

Elisabeth an Christine

Fr., 13. Januar

Liebe, hab Dank! Die Deutungen leuchten mir ein.
Die »Hand« — ich weiß, mein Inneres hat eine solche Hand nicht mehr. Und so hätte ich also über den Steg in das Haus gehen sollen? Bertram ist über den Steg gegangen. In *sein* Haus. Er hat die Werkstatt wieder aufgeschlossen. Mit gemischten Gefühlen, wie er sagte; aber er hat es getan.
Und nun arbeitet er wieder.
Michael und Gabriele werden zu uns ins Haus ziehen.
Wir richten ihnen eine schöne Dachwohnung ein. Das gibt freilich allerlei Umbau und Unmut, für Bertram nicht gerade das Gegebene. Aber die jungen Leute brauchen ein Nest.
Das Hin und Her der Planungen und Wünsche! Wir saßen fast jeden Abend über Papieren und zeichneten. Nun sind beide abgereist in Skiurlaub. Michaels Mutter hat den Kleinen.
Die Ruhe tut gut.
Eigenartig — die ganze letzte Zeit, eigentlich seit Bertram zu arbeiten begonnen (wie wenn er nicht sollte!) war voll von Widerwärtigkeiten verschiede-

ner Art. Ich trug sie widerwärtig und mit Leidensmiene.

Plötzlich, vorgestern, drehte ich den Stiel um, stellte mich auf die Hinterfüße und sagte: »Also bitte, nur herein, ihr Widerwärtigkeiten, ihr seid bestens aufgenommen!« Und da verflogen sie wie ein Spuk. Famos! Aber wie lange?

Bertram arbeitet, ermüdet aber schnell. Dazwischen wälzt er Urlaubspläne. Von Maria im Getänn ist nicht die Rede. Einen Sack voll Süden. Sonne und Meer.

21.

Elisabeth an Paul und Christine

28. Februar

Ich höre nichts von Euch? Was ist mit Euch?
Wie schlagt Ihr Euch durch diesen harten Winter? Sicher türmt sich vor Eurer Haustür der Schnee und Ihr wißt nicht, wie Ihr durchkommen sollt. Gibt es denn keinen guten Knecht mehr, der Euch für ein paar Gläschen Schnaps freischaufelt?
Meine Gedanken sind viel bei Euch.
Gottlob, bald werden wir uns sehen! Denn am 17. März wollen wir wieder in unsere Pension in U. Dann seid Ihr, wenn das Wetter will, jederzeit für uns erreichbar. Ich nehme die Schneeschaufel in den Wagen und wühle mich zu Euch durch.
Der Süden ist abgesagt. Es wäre ohnehin nicht das Richtige gewesen, denn Bertrams Herz und Leber sind

weniger gut als vor Monaten. Und Darmblutungen (wahrscheinlich harmloser Art) beunruhigen ihn.
Er fuhr gestern nach W. eines Arbeitsauftrages wegen, die Sache zog sich hin, und er mußte übernachten. Heute früh rief er etwas verzagt an. Er hat einen Entwurf zu machen und sitzt tagsüber im ungeheizten (!!) 25 DM-Hotelzimmer und zeichnet mit klammen Fingern. Das Herz pumpert unfroh.
Aber das alles soll vergessen sein, wenn wir Euch sehen und in die Arme schließen!
Wir haben schon Palmkätzchen — trotz der Kälte.

22.

Elisabeth an Paul und Christine

13. März

Ihr Lieben, leider werden wir uns nicht so bald sehen, weil uns die Bauarbeit jetzt in Anspruch nimmt. Zur Zeit räume ich die Kinderzimmer oben aus, da nächste Woche schon die Maurer zum Wände-Einreißen kommen wollen. Es wird eine liebliche Zeit, aber sie wird vorübergehen. Heute endlich scheint die Sonne — bei Euch hoffentlich auch, dann schnaufts sichs besser und man atmet auf.
Bertrams Werkstattarbeiten gehen gut vonstatten. Er fühlt sich wohler als die ganzen Jahre zuvor. Wir sind voller Dankbarkeit, daß es wieder so gut ist, und es ist für Bertram ein enormer Auftrieb und Freude am Schaffen.

Ich lerne immer mehr die Macht der Gedanken kennen und oft — fürchten. Aber — fürchten gilt ja eigentlich nicht, das ist bereits falsches Denken.
Nun schnell an die Arbeit!

23.

Christine an Elisabeth

N., 2. April

Schade, schade, wir hatten uns so auf Euch gefreut!
Hoffentlich übernimmst Du Dich nicht mit der Bauerei! Umbauen ist oft schlimmer als Neubauen.
Kommt Ihr denn noch in unsere Gegend? Sehen wir uns noch?
Dicht neben Schneebergen, am Hausrand, blühen Mengen von Schneeglöckchen und lassen sich immer wieder zuschütten ...
Heute flog ein Blaumeislein durchs offene Südfenster der Stube, prallte an das geschlossene Nordfenster und lag tot unter den Blumen.
Die Stare sind da, und die Eichhörnchen jagen und tollen ums Haus. Einmal wird es wohl Frühling, das ewige Weiß macht uns allmählich krank.

24.

Elisabeth an Paul und Christine

5. April, vorm. 11 Uhr

Wir sitzen hier mitten im Baudreck, der unvorstellbar ist und sich im ganzen Haus ausbreitet. Jeden

Nachmittag, wenn die Handwerker fort sind, fange ich an zu putzen und errichte aus nassen Lappen »Laufstege«. Ich nehme an, daß die ärgsten: Maurer, Elektriker, Klempner nur noch zum Schluß kurz zu tun haben werden. Morgen kommen Dachdecker, die Veluxfenster ins Dach schneiden, und Schreiner und Zimmerleute.
Mitte Juni soll uns nichts mehr an der Fahrt in unseren Urlaub hindern; so hoffen wir wenigstens.
Bertram gehts bei stark reduzierter Arbeitslast recht gut. Nur heute nacht packte es ihn: Kopfschmerzen, Frieren, Herzbeschwerden. Fast meinte er, den Arzt holen zu müssen. Jetzt schläft er.
Sogar die Haare wachsen wieder, die Tonsur ist beinahe verschwunden. Auch andere vergnügliche staunenswerte Neuerungen sind zu verzeichnen: Er geht gerne einkaufen. Geradezu begierig wartet er auf eine Liste der nötigen Besorgungen. Besen, Kehrschaufel, Klopapier darf ohne weiteres draufstehen. Wird alles mit Eifer erledigt. Gestern bei null Grad hat er das ganze Haus und Fensterläden inklusive Fenster mit dem Schlauch abgespritzt.
Danach erfolgte Trockenlegung und Wärmen des halb erfrorenen, patschnassen Patriarchen. Er wollte die ärgerlichen, täglich neu verbrochenen Gläser-Ränder und die schwarzen Kerzendocht-Streifen auf dem Tisch mal selbst entfernen. Ich gab ihm das Nötige und erklärte ihm, wie mans macht. Der Tisch wurde makellos. Seitdem sind solcherlei Achtlosigkeiten zu Verbrechen geworden, die scharf geahndet und mit schweren Strafen belegt werden. Väterchens wachsames Auge verfolgt von nun an mißtrauisch jegliches Aufsetzen gefüllter Gläser auf der Tischfläche, und

mit mahnenden Worten wird nicht gespart. Ach Leute, so alt kann man gar nicht werden, daß es nichts Neues mehr gäbe! So haben wir miteinander unser Späßchen.
Heute morgen überraschte uns wieder eine Schneelandschaft — es ist ziemlich kalt. Die Freiland-Azaleen haben schon lila Knospen. Beim nächsten Sonnenstrahl werden sie aufplatzen.

25.

Elisabeth an Paul und Christine

Ostersonntag 1970

Ihr Lieben!

Ständig gehen meine Gedanken zu Euch — hoffentlich ist alles gut! Heute versuchte ich vormittags, und eben 15 Uhr 45 bei Euch anzurufen, aber es meldete sich keiner. So drängt es mich, Euch zu schreiben und Euch gesegnete Ostertage zu wünschen. Seid Ihr gesund, ohne wesentliche Beschwerden? Ich wünsche es so von Herzen.
Es ist dies ein merkwürdiges Osterfest. Ein eiskalter Wind, noch kein Blümchen außer einigen spärlichen Krokussen. Wir leben auf einer Baustelle, stapfen durch knöcheltiefen Schutt ins Obergeschoß, alles starrt von Schmutz und Unordnung, alles ist im Umbruch. Die Kinder hausen im Keller. Aber das geht alles vorbei.
Nun ist auch J. M. Bauer gestorben. Eben habe ich »Siebtens die Gottesfurcht« von ihm gelesen. Ich bin

ihm dankbar für seine Bücher. — Oma gehts mäßig, wechselnd. Aber sonst ist alles im Umbruch. Die Schwierigkeiten gehen wohl weiter, aber ich bin zufrieden. Sie kommen ja nicht von ungefähr.

26.

Elisabeth an Paul und Christine

30. April

Ach, ich bin dankbar für jede gute Stunde! Es sind ihrer nicht allzuviele. Bei Bertram melden sich jetzt, da nach den gut überstandenen Arbeitsanstrengungen eine Ruhepause eingetreten ist, Herz und Magen abwechslungsweise in gut eingespielter Team-Arbeit. Onkel Doktor spricht von Reizleitungs-Störungen. Aber — wir machen ja bald Urlaub!
Die Arbeiten im Haus stocken etwas, aber bis zum Einzug Ende Mai wirds wohl fertig sein. Die Handwerker sind sehr nette, ordentliche Leute, das tröstet einen. Wenn ab und zu ein bißchen was schief geht — dann zählt das nicht so sehr.

27.

Paul an Bertram und Elisabeth

3. Mai

Ich möchte gern wissen, Bertram, was Du gearbeitet hast. Kriegst Du auch von den umliegenden Markt-

und Dorfkirchen ganze Serien von Altarfiguren? Bei uns ist es meist Barock mit Putten aller Art, darunter neben manchem leeren Zeug oft recht drollige Kerle. Und Kruzifixe. Schwarz gedunkelte Altarblätter aus Feldkapellen, selten etwas Erhebliches.
Die Terpentingerüche ersetzen mir auch bei uns noch die Blütendüfte. Es blüht noch kein einziger Kirschbaum.
Ich hole die Pietà von Maria im Getänn und fange mit ihr an.

28.

Elisabeth an Paul und Christine

7. Mai

Seit langem einmal ein Abend allein im Haus: Bertram ist zu einer Besprechung weg, Oma hat mit den Jungen einen Ausflug gemacht. Sie bleiben über Nacht fort.
Die Stille nach dem Baulärm — sonderbar. Sie dringt von allen Seiten auf mich ein — und mit ihr alles Gewesene, das doch überwunden ist, und es hat ein Gesicht, wie etwas Zukünftiges!
Weg damit!
Übermorgen ziehen die Jungen bei uns ein. Die Handwerker werden knapp fertig werden. Nun waren es doch zwei volle Monate. Man könnte meinen, was das für ein Umbau wäre — im Grunde sind's lächerliche Änderungen.
Aber nun sind wir froh, und die Jungen hoffentlich auch!

Ein neuer Abschnitt, mag er bringen, was er will! Ich freue mich mal auf jeden Fall.
Das Vesperbild! Wir sind gespannt, es zu sehen.

29.

Paul an Bertram und Elisabeth

8. Mai

Der Graf hat mir das Vesperbild selbst übergeben.
»Wird Ihr Freund die Restaurierung übernehmen?« fragte er. »Es ist Zeit, ich möchte die Sache nicht mehr länger hinausziehen.«
»Soviel ich weiß«, erwiderte ich, »übernimmt Herr X. vorerst noch keine Außenarbeiten.«
»Dann muß ich *Sie* beim Wort nehmen«, sprach er ziemlich entschieden. »Sie haben mir seinerzeit versprochen —«
»Ich weiß, »entgegnete ich. »Ich werde mein Wort auch einlösen. Doch muß ich mich zuvor mit Bertram verständigen.«
»Wenn die Antwort negativ ausfällt, wie zu erwarten, dann fangen Sie gleich an.«
Ich versprach, hob das Vesperbild vom Altar auf und trug es in den Wagen.
»Sobald diese Arbeit fertig ist«, sagte ich.
Hab ich es recht gemacht? Ihr wißt, ich greife Euch nicht vor. Für Bertram ist alles noch offen.

Elisabeth an Paul und Christine

12. Mai

Endlich, endlich, es ist so weit. Wir reisen. Die Zusage von unserer Pension ist da, die Koffer sind gepackt. Morgen in aller Frühe mitsamt der Oma. Bis Ihr diesen Brief habt, sind wir in Eurer Nähe. Dann ständige telefonische Verbindung.
Merkwürdig: Bertram hatte die Werkstatt aufgeräumt und abgeschlossen und war daran, die Schlüssel in seinem Schreibtisch einzusperren.
Da nahm er sie wieder heraus, ging den Gang zurück zur Werkstattür und schloß wieder auf. Ich war ihm nachgegangen.
»Hast Du was vergessen?« fragte ich ihn.
Er sah lange und eindringlich rings herum, über alle Figuren auf den Werktischen, auf die Palette und den Arbeitsmantel, der am Malgestell hing.
»Ich muß doch nochmal sehen,« sagte er.
Dann winkte er mir, und wir gingen hinaus.
Er wird die Arbeit in Maria im Getänn nicht übernehmen können.
Ach, Kinder, daß wir uns in wenigen Tagen sehen! Wir wollen dann alles bereden.

31.

Telefongespräch Bertram und Paul

19. Mai

»Wir sind gut angekommen, Paul. Aber ich bin etwas schlapp. Hab darum nicht gleich angerufen. Wie stehts bei Euch?«
»Soweit alles in Ordnung. Ich bin fest über dem Vesperbild.«
»Wir kommen übermorgen zu Euch. Wann wirst Du mit dem Vesperbild fertig?«
»Bis dahin ist es wohl so weit. Ich ziehe es aber lieber noch ein wenig hin, ich brauche Dein Urteil.«
»Nun ja, wir wollen sehen! Und dann geht Ihr gleich nach Maria im Getänn?«
»Wir werden müssen. Der Graf ist ungeduldig. Könnt Ihr nicht mit? Wir müßten die Sachen mitsammen durchgehen. Auch der technischen Kniffe wegen.«
»Jetzt gleich kann ich noch nicht. Ich brauche unbedingt noch Ruhe. Aber dann, in acht Tagen ungefähr. Inzwischen sehen wir uns ja. Alles Liebe für Christine. Tschüs!«

32.

Telefongespräch Elisabeth und Paul

22. Mai

»Guten Abend, Paul. Es geht ordentlich. Der Besuch hat ihn eher erfrischt. Über das Vesperbild hat er

nichts mehr gesagt. — Aber Du — ich bin ganz erschüttert davon. Dieser Christuskörper, steif wie ein Holzscheit, mit der gräßlichen Herzwunde.
Aber das ist es nicht. Die Madonna, wie sie blickt, wie eine Verlorene. Ja, sie ist eine Verlorene, eine ganz Verlorene. Es ist neben ihr und außer ihr nichts als dies.
Wenn man einen Allernächsten so tot hat, so — ach ich kann nichts mehr sagen —«
Ihre Stimme brach in Tränen.
»Wann geht Ihr nach Maria im Getänn?«
»Am Sonntag abend. Am Montag morgen fange ich an.«

33.

Paul an Bertram und Elisabeth

Maria im Getänn, 28. Mai

Der Graf ist mit der Restaurierung des Vesperbildes zufrieden. Ich zeigte ihm, daß ich ganz auf die ursprüngliche Fassung zurückgegangen bin.
»Es frappiert einen immer etwas«, sagte er. »Man hat es sich nicht so vorgestellt, wie die Alten es meinten. Sie waren naiver und zugleich kühner als wir.«
»Realistischer und geistiger«, erwiderte ich.
»Nun, wir werden uns daran gewöhnen«, sagte er.
Ich habe das Stück nun bei mir in meiner Kammer im Wirtshaus. In der Kapelle habe ich mit dem Marientod angefangen. Ich wollte das mit der frischen Kraft machen, daß es ja so herauskommt, wie es sein soll.

Das Bild ist nach einem damals gängigen Muster gemalt, nach einem Holzschnitt oder dergleichen. Maria liegt auf ihrem Bett, über das eine Art Himmeldecke gebaut ist. Ein Engelchen zieht den Vorhang vor ihr zurück.
Sie liegt mit gelösten, schlummernden Zügen da. Mit beiden Händen, in halmdünnen Fingern, hält sie die Kerze; aber, da Maria schon entschlafen ist, ist die Kerze daran, wegzusinken. Johannes, dicht hinter ihr, soll die Kerze halten und ihr aus dem Evangelienbuch die Abschiedsworte vorlesen. Aber er ist so vom Schmerz gepackt, daß er mit tränenerfüllten Augen rückwärts sinkt und ein anderer bärtiger Apostel ihn um die Schulter fassen und stützen muß. Daneben steht Petrus fest wie ein Fels, das Buch unterm Arm, den Weihwasserwedel in der Hand. Über seinem Kopfe erscheint Christus und trägt die Seele Mariens auf dem Arm, ein Kind, ein rührendes kleines Mädchen, das die Händlein faltet...
Ich bin mit Angst und Zittern daran, daß ich ja nichts verfehle, ja nichts von dem Hauch dieser Todesstunde verliere.
Wenn Ihr nächste Woche wieder kommt, werdet Ihr schon viel sehen.
Ruft vorher an!
Es ist Abend, der Bach rauscht herauf. Ich bin redlich müde.

34.

Aus Pauls Tagebuch

Maria im Getänn, 31. Mai

Ich hörte auf dem Gerüst das Kommen ihres Autos, legte den Pinsel weg und stieg hinab. Als ich in meinem Arbeitsgewand mit der schlotternden Leinenhose vor die Kapelle trat, stiegen sie gerade aus. Elisabeth wie immer, nur etwas schmäler geworden und auch blässer als sonst. (Der Umbau oder die Sorge um Bertram?)
Bertram in seiner großen, prachtvollen Gestalt, bedeutend schlanker zwar, aber sonnengebräunt und wohl aussehend. Silberweiß der ganze Kopf, aber dicht behaart. — Ich sah auf sein Hinterhaupt — in der Tat, die Tonsur war völlig verschwunden!
Umarmung trotz meines schmutzigen Malerkittels.
Es war halb drei Uhr nachmittags.
Ich lud ihn ein, sich auszuruhen und mit mir eine Tasse Kaffee zu trinken. Aber er wollte zuerst die Kapelle sehen.
»Ein zauberhafter, beinahe mystischer Ort«, sagte er, sich umsehend. »Die Felsen rings und die Einsamkeit! Und die wettergraue Kapelle! Wir haben es uns nicht so abgeschieden vorgestellt. Kommen überhaupt Menschen hierher?«
»Nur an Marienfesten in der besseren Jahreszeit kommen spärliche Pilgerzüge«, erklärte ich, »am meisten an Mariae Himmelfahrt. Als Sonntagsausflug ist es, Gott sei Dank, noch nicht entdeckt.«
»Dann bekommen Deine Restaurierungen also nur

verhältnismäßig wenig Menschen zu sehen«, sagte er lächelnd.

»Um so lieber mache ich sie«, antwortete ich. »Die Alten haben Rückenteile von Figuren aufs Kostbarste ausgeführt, die an Stellen kamen, wo sie niemand mehr hat sehen können.«

Bertram nickte verständnisvoll. Wir gingen in die Kapelle.

»Wo ist das Vesperbild?« war Elisabeths erste Frage, als ihre Blicke ringsherum gegangen waren.

»Im Wirtshaus in meiner Schlafkammer«, antwortete ich, »wie ich Dir am Telefon gesagt habe.«

»Kann ich es sehen?« fragte sie.

»Hernach führe ich euch hinauf«, entgegnete ich.

Wir besahen nun eingehend die Wände der Kapelle. Ich hatte im Chorraum mein Gerüst aufgebaut, weil ich gerade an den unter der Decke gelegenen Bildern des Marienlebens arbeitete. Den Marientod in der Mitte über dem Altar und die beiden ihn flankierenden Bilder der Darstellung im Tempel, die bereits fertig waren, hatte ich verhängt und nahm nun die Tücher weg.

Bertram wunderte sich, daß ich nicht sogleich mit den oberen Bildern angefangen hatte und gab sich zufrieden, als ich ihm meinen Grund darlegte. Als er den Marientod betrachtet hatte, wechselte er einen langen Blick des Einverständnisses mit mir.

»Wenn das so wäre«, sagte er, »daß wir nach dem Tod erwachten und uns als Kind auf dem Arme Christi fänden!« Und nach einer Pause, während welcher er sich abgewandt hatte, wiederholte er vor sich hin: »Wenn das so wäre...«

Wir prüften hierauf den Zustand der übrigen Bilder,

und er gab mir mehrere für mich sehr wichtige Ratschläge. Dabei kam er in Eifer, zog einen Pinsel aus dem am Boden stehenden Krug und umschrieb mit ihm dicht vor dem jeweiligen Bilde seine Erklärung. Dann brach er plötzlich ab, und ich merkte, wie schmerzlich er es empfand, nicht mit mir zusammen an der Arbeit sein zu können. Elisabeth betrachtete mit Sorge jede seiner Gebärden.

Wir kamen zum Passionszyklus. Vor dem Ölbergbild blieb Bertram lange Zeit stehen. Daß der mit der Häscherschar heranziehende Judas an Antlitz und Haltung völlig Jesus glich, ja, daß man ihn als Judas nicht hätte erkennen können, wenn er den Beutel nicht in der Faust gehalten hätte, faszinierte ihn ebenso, wie es mich beim ersten Erblicken fasziniert hatte. Es war die gleiche edle Gestalt im gleichen gelben Gewande, wie es Jesus zu eigen war.

»Gibt es das sonst noch irgendwo?« fragte Bertram endlich.

»Ich kenne keine zweite solche Darstellung«, antwortete ich.

»Zwischen Christus und dem Teufel von außen her kein Unterschied«, redete er für sich weiter. »Als ob sie Brüder wären. Freilich, Judas war ja auch ein Bruder Christi...«

Zuletzt sah sich Bertram nochmals rings um.

»Eine schöne Aufgabe«, sprach er, »die ihren Lohn in sich hat. Mach sie für mich!«

Er wandte sich ab und ging rasch hinaus.

Ich folgte ihm mit Elisabeth.

»Wollt ihr nun das Vesperbild sehen?« fragte ich.

»Geh du mit Elisabeth hinauf« erwiderte er. »Ich setze mich derweil im Wirtsgarten an einen Tisch.«

Ich führte Elisabeth ins Haus und die alte Treppe hinauf. Sie hatte in der Kapelle außer der einen Frage kein Wort gesprochen.

Als wir die Kammer betreten hatten und das Vesperbild vor uns war (ich hatte es auf die Kommode neben dem Fenster gestellt) verharrte sie regungslos. Ich stand eine Weile hinter ihr, dann ging ich leise hinaus.

Unten fand ich Christine bei Bertram sitzen. Der Kaffeetisch war gedeckt, und sie warteten nun auf uns. Als endlich auch Elisabeth herabkam, trug Christine Kaffee und Kuchen herbei.

Wir saßen zusammen und erzählten uns.

Bertram schien es immer wohler zu werden. Er sah mit behaglichem Lächeln zu den Felsenhäuptern empor. Es war ein heiterer Sommertag, alles war von Glanz und Stille durchwoben. Leichte weiße Wolken wehten an den von Tannen gesäumten Zinnen vorüber.

»Das Leben ist doch eine schöne Sache, meint Ihr nicht?« wandte er sich zu uns, und wir nickten ihm freudig zu.

Am späteren Nachmittag gingen wir ein Stück ins Tal hinein auf dem einsamen, kaum begangenen Sträßlein. Es läuft ein Stück den steilen Bachrand entlang, das Wasser strudelt in der felsigen Tiefe im Schatten der Erlen, dann steigt man auf die höher gelegene Talfläche hinauf. Die Felsen türmen sich dreifach übereinander, steile, silbergraue Wände, über die von Zeit zu Zeit ein Bach herabstäubt. Je mehr es gegen den Abend ging, um so mehr verklärte sich alles. Ich ging zuerst mit Elisabeth, Bertram mit Christine.

Elisabeth sagte: »Im Mai des vorigen Jahres, es war um die Monatsmitte, ich weiß es noch genau, schriebst du zuerst von Maria im Getänn und erwecktest unsere Lust hierherzukommen, und wolltest, daß Bertram die Kapelle mache — und er glaubte einen ganzen Tag lang dran. Und dann kamen die Blutungen, d. h. sie waren schon längst; aber Bertram hatte sie mir verborgen.
Und dann, du weißt — ich glaubte nicht mehr daran, daß wir alle vier hier beisammen sein würden. Es ist aber doch geworden. Wie findest du Bertram?«
»Ich finde ihn überraschend gut, er hat das Aussehen eines ganz Gesunden.«
»So ist es freilich nicht«, entgegnete sie, »er wackelt noch«, aber er hat Stunden, wo er überschäumt vor Kraft. Fast reut es ihn, daß er die Kapellenarbeit nicht übernommen hat. Ich bin ja so froh!«
»Sag«, setzte sie nach einer Pause plötzlich hinzu, »warum mußte das alles sein? Warum haben wir solche Angst ausstehen müssen?«
Ich antwortete nicht und nahm nur ihre Hand.
Nach einer Weile Wanderns, wir waren noch nicht weit gekommen, blieb Bertram stehen.
»Ich möchte umkehren«, sagte er. »Wir essen zeitig zu Abend in der Wirtschaft und dann fahren wir.«
Ich war erstaunt, daß er nicht weiter in die immer herrlicher werdende Abendlandschaft hineingehen wollte; aber ich ließ es mir nicht anmerken.
Auf dem Rückweg ging ich neben Bertram.
»Ich werde meine Arbeit nach diesem Urlaub nur mäßig fortsetzen und lieber die Dinge genießen. Wir hören und sehen ja nichts vor Werkeln. Und doch ereignet sich das Schönste um uns herum. Wir sind ja

doch nur Restauratoren, Reproduzierende, wir suchen das wieder herzustellen, was schon einmal viel vollkommener da war, und manchmal scheint mir, als ob in einem verwitterten, abgebleichten Torso mehr Geist wäre als in unserer besten Restaurierung. Vielleicht — viele Zeichen deuten darauf hin — bricht ein neuer Bildersturm los, der nicht nur die Kirchen sondern auch die Museen ausfegt. Vielleicht muß das sein, daß die nachfolgenden Geschlechter wieder Atem schöpfen können. Ich freilich, ich möchte das nicht mehr erleben — ich kann den Tod des Schönen nicht sehen.«
»Die Pietà«, fuhr er fort, »ist ja ein wildes, barbarisches und großartiges Stück. Es muß einem doch ein Geriesel den Buckel hinunterlaufen, wenn man da Hand anlegt. So etwas auf die Griechen! Aber das Leben ist unerbittlich und die Kunst auch. Aber laß das! Das Tal ist so schön und der Abend so verklärt. Ich hab heut einen glücklichen Tag.«
Wir gingen nun schweigend weiter bis zu einer Stelle, wo des Viehes wegen eine Schranke über den Weg gelegt war; ich hob den Baum weg und ließ alle hindurch. Dann erreichten wir das Wirtshaus.
Berggeräuchertes auf Brettchen, Brot, Butter, Käse und vortrefflicher Wein. Wir saßen auf der Terrasse, das Gold der Abendsonne zog über die Felsen hinauf, der Bach toste lauter, die Stille ringsum wurde immer tiefer.
Wir redeten wenig und fühlten das Glück des Beisammenseins.
Plötzlich sagte Bertram: »Kannst du mich nicht auch restaurieren wie die Pietà, Paul, daß ich noch zwei Jahrzehnte hinhalte?«

Ich lächelte und erwiderte: »Das tut der liebe Gott, verlaß dich drauf.«
Als der kühle Abendwind das Tal herwehte, stand Bertram auf und bezahlte.
Letzte Umarmungen. Dann stiegen sie ins Auto.
»Mutti, fahr du!« sagte Bertram und drückte Elisabeth sachte ans Steuer.
Durch das aufgeschobene Dach winkten noch ihre Hände heraus, als sie gegen den Ausgang des Tales hinwegfuhren.
Keine Anwandlungen, Paul! In 14 Tagen wollen sie wiederkommen und den Fortgang der Arbeit betrachten.

9. Juni

Christine kam in die Kapelle, Telefon von Elisabeth: Bertram hat plötzlich Fieber bekommen. Erkältung beim Ausflug nach hier? Nichts von alledem. Das Fieber ist rätselhaft. Der gerufene Arzt geht ohne besonderen Erfolg dagegen an. Bertram ist plötzlich so schwach, daß er die Treppe zu seinem Zimmer nicht mehr allein besteigen konnte.

18. Juni

Telefon: Bertram ist ins Krankenhaus nach U. verbracht worden.

19. Juni

Wir riefen das Krankenhaus an. Elisabeth am Apparat. Eingehende Untersuchungen sind im Gang: Nieren und Leber, Pankreas!

Die Blutuntersuchung ergab 500 000 Thrombozyten. 50 000, sagt Elisabeth, seien normal. Also das Gegenteil von seiner vorigjährigen Erkrankung! Wer kennt sich da aus?

28. Juni

Eine Reihe weiterer Untersuchungen, von denen ich nichts verstehe. Scheinbar kein Befund. Oder halten die Ärzte zurück? Ich male halb wie im Traum. Immer ist mir Bertram vor Augen.
Abends langes Gespräch mit Christine. Sie hat Ahnungen, und ihren Ahnungen ist zu trauen. Sie spricht das Wort nicht aus.

3. Juli

Elisabeth am Telefon: Bertram ist in die Pension zurückgekehrt. Er hat genug an Ärzten und Untersuchungen. Er will seinen Urlaub zu Ende bringen und aus eigener Kraft gesund werden. Das Fieber haben sie ihm weggebracht.

4. Juli

Telefon: Fieberrückfall. Eine kleine Geschwulst am Hals unterm linken Ohr taucht auf. Unscheinbar. Elisabeth wird ängstlich.
Ich versuche ihr ihre Bedenken auszureden. Nur ja nicht den Teufel an die Wand malen. Ich habe auch so etwas an der rechten Schläfe. Es stirbt nach und nach ab und verkrustet.
Trotzdem — der Chirurg ist gerufen. Elisabeth war-

tet auf ihn. Bertram sah doch so gut aus, hatte eine kräftige Stimme und einen klaren, festen Blick. Und wie behaglich fühlte er sich in unserer Mitte! Soll ich die Arbeit weglegen? Hinfahren?
Der Graf war da, lobte das Fertige und drängte. Ende August soll die Einweihung der Kapelle sein. Da würde er seine ganze Familie zusammenbringen können ... Anfang September soll ich auf dem Michelsberg sein. Die dortigen Wände warten. Ich habe es versprochen.

35.

Elisabeth an Paul und Christine

B., Krankenhaus, 10. Juli

Ihr Lieben!

Die Dinge überstürzen sich. Ich weiß nicht, wie ich meine Gedanken sammeln soll. Maria im Getänn liegt irgendwo auf einem anderen Stern. Reicht Eure Hände doch von da herunter!
Wir sind hier. Wir haben auf Anraten den Chefarzt des Kreiskrankenhauses gerufen.
Er sah Bertram an, sehr ernst, sagte nichts als: »Mit mir!« Wir packten ihn ins Auto und durch Nebel und Regen davon.
Nun hier. Zwei Operationen, 1. eine Gewebsentnahme aus dem Brustbein, dann die Entfernung des Tumors an der Ohrspeicheldrüse.
Der Chefarzt ist ernst und bestimmt. Bertram nimmt alles fast wortlos hin.

12. Juli

Der Brief kam nicht weg. Ich wartete, wartete ...
Endlich kam der Befund. Ich stellte den Chefarzt.
Er sah mich ruhig, und, wie mir vorkam, gütig an.
»Ich möchte Ihren Mann am liebsten hierbehalten;
aber in der Hauptstadt haben sie andere Möglichkeiten. Ich will nicht dagegen sein.« »Was ist es?« fragte ich.
»Die Diagnose ist noch nicht abgeschlossen«, erwiderte er und drückte mir die Hand. Mir zitterten die Knie.
Also eine Station weiter — in die Hauptstadt. —

Pauls Tagebuch

15. Juli

Ich muß hier zu Ende kommen. Nun setze ich alles dran.
Wär ich doch vor acht Tagen gefahren! Da hätte ich ihn noch erreicht.

36.

Elisabeth an Paul und Christine

20. Juli

Verzeiht! Verzeiht! Ich kann nicht schreiben. Ich weiß auch nicht, was ist und was geschieht. Es ist die Rede von einem Tumor an der Bauchspeicheldrüse,

der durch Bestrahlen zum Verschwinden gebracht werden soll.
Aber sollen wir hier, fern von unserem Heim, in der Klinik liegen? Die gleichen Anstalten gibt es bei uns, oder besser.
Bertrams Bruder kam an. Er drängt, daß wir nach Fr. zurückkehren und dort soll Betram in das berühmte Bestrahlungs-Institut gebracht werden. Aber wie sollen wir reisen? Eine Autofahrt oder Bahnfahrt geht über Bertrams Kräfte. Es bleibt bloß der Hubschrauber...
In Bertram lehnt sich das Leben auf.
»Warum läßt mich Gott so leiden?« sagte er zu mir. »Ist es ihm noch nicht genug? Warum hat er mich überhaupt auf die Welt kommen lassen? Ich habe ihn nicht darum gebeten.«
Haben wir ihn wirklich nicht darum gebeten?
Was wissen wir! —

21. Juli

Meine Gedanken fliegen wie Vögel nach Maria im Getänn.
Ich bin töricht genug zu glauben, wenn ich mit Bertram dort wäre, wäre alles gut.
Gern stünde ich mutiger vor Euch da — aber die Kraft kommt und geht.
Bertram erzählte mir seinen nächtlichen Traum:
Er sollte an einem Menschen »etwas machen«; aber es waren lauter Stücke des menschlichen Körpers durcheinander. Er vermochte sie nicht zusammenzusetzen, so verzweifelt er sich auch bemühte. Darüber wachte er schweißgebadet auf.

Jetzt sieht er auf das Tischlein herüber, an dem ich schreibe, und sagt: »Wenn ich allein in der Welt wäre, würde ich gar nichts mehr unternehmen, sondern alles so zu Ende laufen lassen.«
So zu Ende!
Wie starr muß ich noch werden, um dies ertragen zu können!

37.

Paul an Elisabeth

23. Juli

Liebste Elisabeth, es ist ein innerer Raum, in dem wir sind. Er ist raumlos und zeitlos und kennt keine Entfernungen. Hier wohnen wir beisammen, und auch unsere Abgeschiedenen wohnen dort. In die stillen, seidenen Lüfte, die schon den Herbst verkünden, seid Ihr mit eingewoben.
Werde nicht starr, Elisabeth! In der Starre zerbricht man. Werde immer weicher, geschmeidiger, so geschmeidig, daß Dein Herz sich jedem Schmerz anschmiegt.
Bertrams Traum! Man muß ihn auf verschiedenen Ebenen verstehen. Ich nehme die innerste Ebene. Hier stellt sich gewissermaßen das Problem, den Menschen (den homo humanus et religiosus) in sich zum Zusammenschluß zu bringen. Wir alle sind ja daran, innerlich in Stücke zu fallen. Wenn diese Wendung gelingt, die Wendung zum verborgenen Sinn der so problematischen Existenz, dann schließen

sich die Körperstücke von selbst zusammen. Das Ziel wird nicht durch Zusammensetzen der Stücke erreicht, sondern durch eine Regeneration aus einem Punkt, dem Herzpunkt heraus.
Liebste Elisabeth, bleiben wir auf dem Grund des Glaubens und der Übergabe stehen! Wir alle zusammen. Denn daß wir getrennte Wesen sind, dieser Aberglaube läßt sich nicht länger aufrecht erhalten.

*

Ich bin hier zu Ende. Ich habe die letzte Woche wie vom Geist getrieben gemalt.
Es war, als sähe ich alles genau, wie es gewesen ist.
Der Passionszyklus ist zu Ende. Ich habe ihn zusammen mit Bertram gemalt. Freilich anders, als ich ehedem glaubte, zusammen mit seinem Leiden und seinem —
Es ist, als wäre seine und meine Hand nur eine Hand.
Übermorgen ist Einweihung, dann unverzüglich auf den Michelsberg. Nachrichten von Dir sogleich dorthin!
Ganz für Dich und für Euch!

Paul

38.

Telefon von Elisabeth

Michelsberg, 29. Juli

Bertram im Hubschrauber nach Fr. gebracht. Landung auf dem Sportplatz unweit des Hauses. Eine

Nacht unter seinem Dach, in seinem Bett. Dann in die Bestrahlungsanstalt. Er hat alles verhältnismäßig gut überstanden, läßt grüßen.
Guter Bertram, diese Grüße sind wie in Diamant gefaßt.

39.

Christine an Elisabeth

29. Juli abends

Deine liebe Stimme, noch klingt sie uns im Ohr, so ruhig und fest. So geht also der Leidensweg weiter, und wir können nichts tun, als ihn mitgehen, immer mit Dir und Bertram verbunden, immer um Kraft für Euch beide bittend.
Wir wissen ja in unserer Dunkelheit nicht, was gut ist für uns — vielleicht ist das Bitterste das Beste. Aber einen Abschied gibt es nicht. Bertram bleibt bei Dir, und wir bleiben bei Dir.

40.

Paul an Elisabeth

6. August

Wieviel Stationen wirst Du, geliebtes Kind, mit unserem Kranken durchschreiten müssen? Ich gebe die Hoffnung nicht auf. »Solange ich atme, hoffe ich ...«
Wenn Du uns nur an Deiner Seite spürst!

Der Michael in der Kapelle (»mein Michael«) sah mich an mit einer so großen, schmerzlichen Ruhe, daß ich ganz verstummte.

Sie haben hier eine zweite Kapelle für den Konvent. Man hat den ehemaligen Rittersaal dazu genommen. Ein dunkler, blöckischer Raum, das Gewölbe tragen ein paar ungefüge Säulen. Aber er ist von einer fast unbegreiflichen, süßen Stille erfüllt, in seiner Dunkelheit ist er ganz licht. Manchmal, wenn ich hineinschleiche, um neue Kraft zu sammeln, kniet eine einzige Nonne darin, betend, oder meditierend. Sie sieht nicht auf, wenn die Türe geht, sie ist in der Welt ihrer Betrachtung.

Ich habe mit dem Freilegen der Wände begonnen. Freilegen, die öde Übertünchung entfernen, daß die verborgenen Bilder zum Vorschein kommen, ein sinnbildhaftes Tun. Tut es nicht Gott auch mit uns mit unerbittlich scharfen Instrumenten? Daß wir die Güte der Wand hätten und uns schweigend hinhielten!

Jeden Morgen um ein halb sieben Uhr ist Messe. Ein alter, ziemlich gebrechlicher Pfarrherr zelebriert sie. Bei den Mahlzeiten sitzt er an meinem Tisch und wir reden mitsammen.

Wenn wir so knien (wir gehen jeden Morgen hin um Beistand für Dich und Bertram), dann sind vor mir in lautloser Reihe die schwarzen Schleier der Klosterfrauen. Eine liest vor, mit kindlicher Stimme, und dann beten und singen sie alle wie Kinder.

Ich kann Dir immer nur das Eine sagen, daß ich dicht bei Dir bin. Die Einheit aller Seelen wird mir immer klarer. So läßt es sich tragen. Denn Hier und Dort, Hüben und Drüben sind keine getrennten Orte mehr.

Ich kann Dir nicht mehr sagen »Lebwohl!« oder
»Auf Wiedersehen!«, ich kann nur sagen: »Hier!«
Grüß Bertram, wenn er es aufnehmen kann!

41.

Elisabeth an Paul und Christine

Fr., 12. August

Ihr Lieben, Lieben! Ich weiß die Wahrheit. Was sie damals entfernt hatten, war ein Reticulo-Sarkom. Es gibt keine Heilung mehr. Die einzige Chance, das Leben noch zu verlängern: Kobalt-Bestrahlung. Wenn mans nicht tut, ist das Äußerste, was ihm noch gegönnt ist: ein Vierteljahr. Ich bitte um Kraft, alles willig und demütig anzunehmen.

42.

Christine an Elisabeth

Michelsberg, 15. August

Liebe, ich will Dir gleich schreiben. Drei Fälle kamen mir hier zu Ohren:
1. Eine Lehrerin, älter als Bertram, hatte Krebs, ausgesprochen. Sie erhielt zehn Kobaltbestrahlungen, lebt und ist geheilt.
2. Der Pfarrer, der mit uns am Tisch sitzt (er hat nur eine Lunge und ist 70) hatte ebenfalls eine

plötzlich auftauchende Geschichte, bösartig. Er wurde kobaltbestrahlt. Die Sache heilte aus. Die Narbe ist noch an der Haut sichtbar.

3. Eine der hiesigen Schwestern, die den Garten versorgt, war wegen Unterleibskrebs aufgegeben. Sie erhielt Kobalt-Einlagen, lebt und arbeitet, obgleich sie nach den Einlagen noch ein Loch in der Blase bekam und wochenlang liegen mußte. Es heilte alles zu.

Dies zu Deinem Trost. Wir umarmen Dich.
Immerwährende Bitten für Bertram.

43.

Paul an Elisabeth

Michelsberg, 15. August

Ich kam von der Burgkapelle herab, von der Arbeit, — da reichte mir Christine Deinen Brief. Er fiel mir wie ein Berg aufs Herz. So soll unsere Hoffnung vergebens sein?

Wenn der Spruch Gottes gefallen ist (wir wissen nicht, ob er unwiderruflich ist), dann können wir nur auf die Knie niedergehen. Dieses Zeichen muß an uns geschehen. Die Wahrheit ist nie ohne Trost.

Ja, hinter der Wahrheit, der unabänderlichen, steht Gott. Gott redet uns dann an, und es geht uns durch Mark und Bein.

Aber es steht eine große Güte dahinter, die jetzt in Eisen gepanzert ist wie ein Samenkorn, und die einmal zu einer unbegreiflichen Blüte aufgehen wird.

Jetzt mußt Du, geliebtes Kind, Dein Herz hinhalten. Halte es Gott hin! Er bricht es Dir nicht, ohne Dir ein neues zu schenken — eines, das nicht mehr zerbrechen kann.

Wir sind ganz bei Dir. Unser Herz ist Dein Herz und Dein Herz ist unser Herz. Entfernungen bedeuten nichts. Bete immerfort um Kraft, wir tun es mit Dir. Es wird alles so geschehen, wie es geschehen muß, wie es anders nicht geschehen kann.

Wir halten Dich in unseren Armen. Und für Bertram bitten wir, daß er die dunkle Schlucht an der Hand seines Engels durchschreiten möge.

Wenn Du kannst, rufe uns an.

Bertram ist unser Mahner, daß auch wir bereit sein sollen.

Dieses schreckliche Gesicht der Hinfälligkeit verbirgt ein anderes Gesicht... Du weißt es.

Und wir werden uns einmal unendlich freuen. Denn die Hinfälligkeit ist keine Wahrheit. Die Wahrheit aber kommt auf uns zu mit den Schritten eines Engels.

Grüße Bertram von uns! Sag ihm, wenn es möglich ist, unsere Liebe. Unseren Dank, unsere nicht zu trennende Verbundenheit.

Nachschrift von Christine:

Liebste, ich kann es nicht besser sagen als Paul. Wir nehmen Bertram nun erst recht in unsere Mitte, und das eigentliche Miteinander beginnt erst recht, so schwer die Dunkelheit ist.

44.

Elisabeth an Paul und Christine

18. August

Ihr Lieben, Dank. Eure Briefe sind bei mir.
Bertram liegt seit Montag hier in der Bestrahlungsanstalt.
Man hat es mir bestätigt: Es ist ein Pancreas-Carcinom, dessen Metastasen in der Ohrspeicheldrüse und in den Halsdrüsen man damals in zwei Operationen entfernt hat.
Bertram ist schwach und hat immer starke Bauchschmerzen.
Möglich, daß die Bestrahlungen, die ihn völlig erschöpfen, nochmal einen kleinen Aufschub bringen.
Darf man Bertram die Wahrheit sagen?
Muß man?
Wen ich frage, jeder sagt: Nein.
Möge mich die Kraft nicht verlassen. Es ist schwer.

45.

Christine an Elisabeth

21. August

Bete, Liebe, daß Dir das Rechte eingegeben wird. Ich möchte, wenn über mich der Tod beschlossen wäre, wissen, daß es so ist.
Wir müssen hier abbrechen. Paul hat Herzbeschwer-

den und ziemliche Atemnot bekommen. Der Staub des Mauer-Abkratzens legt sich ihm auf die Lunge. Wir riefen den Arzt aus der nächsten Stadt. Ein ruhiger, tüchtiger Mann.
Sein Spruch: Aufhören! Sein Rat: Zunächst intensive Atemübungen und dann — möglichst bald — nach Baden-Baden. Er gab uns die Adresse einer Kuranstalt, die er sehr rühmte. Ich habe bereits hingeschrieben.
Paul wird schon wieder in Ordnung kommen. Hierüber keine Sorge. Daß wir, gesund oder krank, neben Dir stehen, weißt Du. Du brauchst bloß nach links oder rechts neben Dich greifen, so hast Du unsere Hände.
Noch mehr aber sei Dir bewußt, daß Christus immer neben Dir und Bertram ist, viel näher als wir. Er weiß alles, was geschehen muß. Was geschehen muß zum Heil.
Sei umarmt!

46.

Paul an Elisabeth

N., 30. August

Wir sind wieder zuhause. Es gab einen raschen und etwas bestürzten Abschied.
Alle Schwestern standen um unseren Wagen.
Von Baden-Baden ist Antwort da: »Erwarten Sie am 1. 10.«
Am 30. September reisen wir also. Noch eine kleine Atempause, dann packen. Ich fühle mich besser.

Du aber, Liebste, hast keine Atempause.
Es ist viel Ungutes in der Welt, auch hier um uns herum, menschliche oder vielmehr un-menschliche Unbegreiflichkeiten. Muß denn über alle das Schwert kommen, bis sie begreifen?
Um so mehr wollen wir einander an den Händen halten und in *der* Gegenwart bleiben, die uns nicht verläßt.

47.

Paul an Elisabeth

N., 10. September

Liebste Elisabeth!
»Ich kenne keinen Tod, sterb ich gleich alle Stunden, so hab ich immer doch ein besser **Leben** funden.«

(Angelus Silesius)

Bevor wir nach Baden-Baden abreisen, muß ich Dir noch schreiben. Dies »sterb ich gleich alle Stunden« ... erlebt Bertram, erlebst Du und erleben wir mit Euch. Ja, es ist ein Sterbensprozeß, in dem wir sind, er nimmt uns dahin ... aber in einem Augenblick ist er einmal vollendet.
So nur hat das Leben seine eigentliche Wahrheits- und Tiefendimension.
Jetzt, gerade jetzt leben wir unser eigentliches Leben, das sich am Tod erst entzündet. Wir können nicht länger den Glauben an die äußere Welt als einer eigentlichen Wahrheit aufrechterhalten.

Unser Sterbliches und unser Unsterbliches tritt in diesem Sterbeprozeß auseinander. Bei Bertram — Du wirst jetzt seiner unsterblichen Gestalt ansichtig, und das ist der große Trost des Todes — und bei Dir. Und diese beiden unsterblichen Gestalten (und unsere dazu) unterliegen keiner Trennung. Je freier wir von uns selber werden, um so trennungsloser werden wir. Unser göttliches Selbst ist immer mit dem göttlichen Selbst des scheinbar Abgeschiedenen verbunden, viel mehr verbunden, als die trennende körperliche Verbundenheit es vermag. Was erschüttert ist und weint, ist unsere Ich-Natur. Und in ihr gerade liegt das Trennende.

»... so hab ich immer doch ein besser Leben funden ...« Wir leben hier in der Trennung, um mit dem Herzen durch diese Trennung hindurchzubrechen und so ins Sein zu gelangen, in dem kein Tod mehr ist.

Ich habe mit 18 Jahren meinen über alles geliebten Vater »verloren« — in welch zartem, heiterem, geistigen Licht ist er seither bei mir! Wie freue ich mich, ihn in reinerem Lichte wiederzusehen! Wenn ich dächte, er ginge vom Alter gebeugt und von Krankheiten angegriffen, mit schwachem Gesicht und Gehör und unfähig, meinen Worten zu folgen, noch auf dieser Erde herum, wie getrennt wäre ich von ihm!

Jeder, der von uns geht, bahnt uns den Weg in ein neues Dasein. Wir haben es not, an unseren eigenen Tod als die Pforte der Befreiung gemahnt zu werden, damit wir fröhlich alle Stunden sterben. Sterben — das ist nichts anderes, als das Unvergängliche aus dem Vergänglichen herauszuziehen. In ein unverlöschliches Bewußtsein hinein erwachen.

Nimm dieses Erwachen mutig auf Dich, Elisabeth!
Diese kurze, scheinbare Trennung, sie kann sich jetzt schon zur neuen Einswerdung entfalten. Gott kann uns das nicht erlassen. Er muß uns das Vergängliche als vergänglich vor Augen führen, damit das Unvergängliche in uns aufgehe. Dieser Prozeß ist um so härter, je mehr wir an das Vergängliche glauben.
Die Abschiedsreden Jesu sind voll Freude.
Ich schreibe dies aus dem Schmerz des Sterbeprozesses heraus. Wir sind ja bei Euch. Jetzt eben wird ein neuer Bertram erbildet, einer, der ungeteilt uns gehört!

48.

Elisabeth an Paul und Christine

Fr., 16. September

Unsere Freundin, Erna M., die Ärztin, war bei Bertram.
Er fragte sie: »Ist sterben schwer?« Sie sagte zu ihm: »Wenn es je so weit käme, ich gebe Dir gute Spritzen, dann schläfst Du hinüber.«
Er war ruhig und fragte nicht mehr.
Hinüberschlafen ... sollen wir hinüberschlafen?

49.

Paul an Elisabeth

N., 22. September

Liebste Elisabeth!

Du kannst Bertram trösten. Das Sterben selber, der Akt der Loslösung, ist nicht schwer. Er ist vielmehr eine Befreiung. Das Sterben ist nicht schwerer als das Einschlafen. Wenn auch der Körper Zeichen großer Bedrängnis gibt, so berührt das die Seele nicht mehr, sie befindet sich schon außerhalb. Was der Körper zeigt, sind nur noch Reflexe. Das Volk nennt es die Lebensgeister.
Ich habe vor kurzem das beiliegende Büchlein gelesen, das Dir vielleicht eine Hilfe ist. Es geht ganz vom Äußeren aus und läßt das Okkulte ganz beiseite. Es baut nur auf Beobachtungen an Sterbenden auf.
Das Buch stammt aus der Bibliothek von N. N. Später einmal brauche ich es wieder.
Das Theoretische bis S. 37 brauchst Du nicht zu lesen. Wenn Du nur den Abschnitt »Das angstfreie Sterben« ansiehst.
Ganz dasselbe ist auch meine Überzeugung.
Vorbereitungen für Baden-Baden. Ich schreibe wieder, sobald ich kann.
Sei herzlich umarmt!

50.

Paul an Elisabeth

Baden-Baden, 1. Oktober

Liebste Elisabeth!

Gestern sind wir etwas keuchend hier angekommen. Die Sonne ging in trübem Goldglanz über der Rheinebene unter. Heute Sturm und Regen.
Die Chefärztin ist bis Montag verreist, die Untersuchung und eigentliche Kur geht erst dann los. Inzwischen Wassertreten.
Es ist mir ganz seltsam, daß wir hier zur Kur sind, um dieses vergängliche Leben zu fristen, während Bertram das Reich der anderen Dimension betritt.
Wenn ich denke, welcher Tod der beste ist — man kann das nicht allgemein sagen, sondern nur im Hinblick auf die eigene Lage — so wünsche ich mir keinen raschen und »leichten« Tod. Ich möchte den langsamen Todesprozeß mit Bewußtsein durchleben. Auch jene letzte Willensanstrengung, die uns durch körperliche Schmerzen abgefordert wird, möchte ich leisten können.
Es ist eine Gnade, zuletzt noch in ein Verwandlungsfeuer zu gelangen. Es ist ein letzter, intensiver Reifeprozeß, ein »Garmachen.«
Unsere Not und Tragik sieht sich von »Drüben« ganz anders an. Alles Vergängliche fällt da nur insoweit ins Gewicht, als es ein Mittel ist, unsere Verwandlung voranzubringen. Da nur der vergängliche Teil unserer Seele (der allerdings bei den meisten Men-

schen allein bewußt ist) diese Not und Qual erlebt, während der unvergängliche ihr jetzt schon enthoben ist (wir wissen z. B., daß wir altern und sterben, aber wir wissen zugleich, daß wir dem Tod nicht unterliegen), so nehmen die Jenseitigen unsere Not nicht so tragisch wie wir. Sie haben zwar Mitleid, aber das Mitleid wirft sie nicht nieder. Sie kennen den »seligen Ausgang« der Not.
So sollten auch wir versuchen, uns zum Standpunkt unserer unsterblichen Seele emporzuarbeiten und uns auf das Vergängliche, auf das, was uns genommen werden kann, nicht zu tief einlassen.
Bertram kann Dir ja nicht genommen werden, auch nicht seine Gegenwart, nur seine sinnliche Gegenwart. Und, wie ich Dir schon schrieb, diese sinnliche Gegenwart, die oft genug eine Trennung ist, wobei man gar nicht an den andern herankann, wird durch eine ganz neue, intime innere Gegenwart ersetzt, eine viel wesenhaftere Gegenwart, wofern wir zu einer solchen Gegenwart imstande und willens sind.
Ich habe Dir am Telefon gesagt: wir sind alle *ein* Mensch. Dies bestätigt sich uns, wenn unser Bewußtsein dazu erwacht. Wenn wir in die wesenhafte Gegenwart gelangen. Was tut es da, daß Du in Fr. bist und wir in Baden-Baden?
Draußen wirft der Wind die Baumkronen.
Liebe Elisabeth, es geht um das, daß wir aus unserem Wahn hinausgepreßt werden. Wir gelangen dann in die Wirklichkeit und in die Wahrheit hinein. Da ist Licht, Innigkeit, Nähe, Einssein.
Der Tod ist ein großes Mysterium, ohne ihn wären wir nichts.
Sieh nur an, wie er Bertram verwandelt! Und wie

glücklich werden wir sein, ihn in einem ganz neuen
Lichte wiederzusehen.
Lebwohl, Elisabeth! Ich schreibe wieder.
Alles Liebe für Bertram!

51.

Elisabeth an Paul und Christine

Fr., 4. Oktober

Ihr Lieben, wie helft Ihr mir!
Die Kinder sind lieb, aber sie sehen alles von einem
anderen Gesichtspunkt.
Dank auch für das Büchlein, es kommt zu Euch zurück. —
Der Tumor im Bauch ist schon sehr eingeschrumpft.
Die Metastasen an der rechten Halsseite wachsen erschreckend, aber der Arzt macht uns Hoffnung, alles
unter Kontrolle zu bringen. Heute glaubte der Arzt
auch an der linken Halsseite einen Knoten zu fühlen.
So geht es hin und her. Aber wenn mich Bertram mit
seinen großen Augen durchdringend ansieht, dann
weiß ich, daß er seine Lage kennt. Vielleicht ist ihm
nochmal eine Läuterungsfrist gesetzt — wir wissen es
nicht. Verzeiht — ich kann nicht mehr schreiben.

52.

Paul an Elisabeth

Baden-Baden, Sonntag, 4. Oktober

Liebste Elisabeth!

Du glaubst nicht, wie mich Bertrams Schicksal dem allgemeinen Todesschicksal, besonders meinem eigenen, verbindet. Man gewinnt eine wachsende Nähe, fast möchte ich sagen, eine Vertrautheit mit diesen Vorgängen, sie gehören zum Dasein in dieser Welt wie das morgendliche Aufstehen und das abendliche Einschlafen. Indem sie sich an den Nächstverbundenen vollziehen, mit denen man gleichsam zusammen geatmet hat, gehen sie auf einen selber über. Es ist, wie wenn die rechte Hand sich von der linken verabschiedete, um eine unsichtbare Gestalt anzunehmen, und so die Arme, die Schultern, die Seiten, die Beine usw., als würde man sich selber stückweise unsichtbar und jenseitig, bis man nichts Diesseitiges mehr an sich hat. So hat das Hingehen der Nächsten etwas so Verwandelndes an sich wie nicht leicht etwas anderes. In jungen Jahren sucht man sich diese Geheimnisse durch menschliche Neuerwerbungen zu verhüllen, im Alter aber sind sie unverhüllbar und treten so unmittelbar an das Herz heran und in solcher Zahl, daß keine Abhilfe mehr ist, man muß diese Einweihungen mitmachen.

Und zugleich vernichtet dieses Trennende, der Tod, die Trennung. Unser Eigentümliches, Abgesondertes, Individuelles, das im Diesseits den Charakter der

unüberbrückbaren Andersartigkeit hatte (»nein, in dieser Hinsicht bin ich anders als du«), gewinnt nun eine Wesenhaftigkeit, in der das Trennende sich auflöst, während das Eigentümliche in seiner Reinheit bleibt.
Dies alles sind sehr wunderbare Dinge.
Sie werden einmal in unser volles Bewußtsein treten und unser Herz mit Staunen und Glück erfüllen.
Wenn ich an Bertram denke, meinen Blick von innen her auf ihn richte, so sehe ich ihn mitten in der Verwandlung, ich sehe, wie seine eigentliche Gestalt sich Tag für Tag herausbildet und an Licht gewinnt. Ich habe längst einen ganz anderen Bertram vor mir als den, mit dem wir im Tal hinter Maria im Getänn wanderten.
Und seine Wandlung überträgt sich auf uns. Wir haben ihm nie so viel zu danken gehabt wie jetzt.
In gewissem Sinne stellt er mich fester auf die Erde; aber mit ganz anderen Beinen, mit Füßen, deren Zehen sich nicht mehr in die Erde einklammern.
Herüben müssen wir immer mehr Freund unserer Freunde werden, während sich drüben eine zahlreiche Freundschaft für uns vorbereitet. Kaum aus dem Todesschlaf erwacht, werden wir uns in vertrauten Gefilden wiederfinden, wie wenn man in Ferien fährt, und plötzlich sind alle lieben Freunde auch da.
Es muß, es muß das, was an unserem jetzigen Zustand Illusion ist, endlich ins Wanken kommen!
Ich sitze den 4. Tag hier in meinem Zimmer. An Regenhellen gehen wir hinaus. Von Westen her schwankt unentwegt das tiefe, graue Gewölk. Die eigentliche Kur hat noch nicht begonnen, da die Ärz-

tin verreist war. Morgen erst kommt die Untersuchung. Der Beginn hat immer etwas Krisenhaftes an sich. Von Baden-Baden haben wir noch nicht viel mehr gesehen als den großen Park entlang der Oos mit herrlichen alten Bäumen, darunter prachtvollen Eichen und Föhren.

Liebe Elisabeth, ich kann nicht sagen, wir nehmen Dich an unser Herz — wir *haben* Dich an unserem Herzen. Du weißt, was Du Bertram von uns sagen kannst und sollst.

In Gott ist alles Unbegreifliche begreiflich.

53.

Paul an Elisabeth

Baden-Baden, 6. Oktober

Liebste Elisabeth!
Dein Brief vom 4. 10. ist heute Vormittag in unsere Hände gekommen. Hab Dank, Du Liebe!
Das Hin und Her von befristeter Hoffnung ist wohl das Schwerste, was Du tragen mußt. Ich könnte mir in Deiner Lage nur so helfen, daß ich diese äußeren Hoffnungen, ob sie nun auftauchen oder schwinden, an die zweite oder dritte Stelle verweise und alles auf die eine, innere Hoffnung setzte: daß alles mit Leben enden wird. Mit einem erhöhten, leuchtenden Leben. Kann es denn anders sein, wenn wir uns Gott ergeben?
Alles was ist, ist sinnvoll, das ist meine tiefste Überzeugung.

Denn wäre die Welt und das Leben nicht sinnvoll, so wären sie längst in sich zusammengestürzt.

Sei Dir bewußt, Elisabeth, daß Du jetzt mit Bertram Deine wesentlichste und darum schönste Zeit durchlebst, die Zeit, in der sich das Bleibende vom Hinfälligen scheidet. Du darfst diese Zeit mit ihm durchleben. Es ist nicht so, daß er Dir plötzlich durch einen Unglücksfall oder durch einen Herzinfarkt weggerissen wird.

Ein wissender Blick, ein Schicksalsblick wie der, den Du uns geschildert hast, wiegt alle bisher gewesenen Blicke auf. Hier offenbart sich, daß Du die Einzige bist, die so einen Blick empfangen kann. Du kannst durch ihn hindurch in eine Unauflöslichkeit hineinschauen.

Dies alles sind Zeichen einer künftigen Erfüllung.

Wenn Bertram noch eine Frist gegeben wird, so ist diese Frist eine Kostbarkeit. Für ihn und für Dich. Wenn Du sie nicht ängstlich als etwas schnell Verrinnendes ansiehst und festzuhalten versuchst, sondern sie mit dem Herzen der Liebe ausschöpfst, dann ist sie ein Teil der Ewigkeit, eine Bildform des Bleibenden.

Wenn diese Frist nicht gegeben wird (auf ihre zeitliche Länge kommt es nicht an, nur auf ihre Wesenstiefe), dann ist *jetzt* diese Frist: heute, morgen, übermorgen.

Es wird doch alles so durchlässig, alles drückt in dieser immer dünner werdenden Verhüllung so sehr das Wahre aus, das unbegreiflich zu sein scheint, und das unser Herz immer mehr begreift! —

Unsere Kur hat begonnen. Wir sind auf 1200 Kalorien gesetzt, werden täglich zweimal gewaltig heiß und kalt abgespritzt und haben die ganze freie Zeit zu laufen. Man fährt mit dem Bus auf die Höhen und läuft durch die Wälder auf schönen Pfaden mit herrlichen Ausblicken, man läuft, läuft, läuft und *kann* laufen.

Heute ist ein leuchtender Herbsttag. Der Magen ist leicht und macht dauernd ein Fragezeichen, beim Aufstehen vom Tisch kommt mir die Sentenz des seligen Paters Berthold in den Sinn: »Jetzt wär was zu essen recht!« Aber der gute Mann ist in den besten Jahren an einem Herzanfall gestorben. Abnehmen ist die einzige Rettung, um den Kreislauf in Schwung zu bringen.

Wie hassen wir jetzt unsere Bäuche!

Lebwohl, Liebe! Nein, nicht lebwohl! Immer bei Dir, neben Dir, in Dir!

54.

Christine an Elisabeth

Baden-Baden, 10. Oktober

Liebe, es ist 9 Uhr abends, und wir sind redlich müde. Aber Du sollst nicht meinen, wir hätten Dich und Deinen, unseren lieben Kranken nicht bei uns. Die Kur nimmt einen streng in ihr Gesetz. Morgens Anwendung, erst Wärme, dann gesteigerte Wasseranwendung, heiß und kalt — unmittelbar danach stramm laufen — am Nachmittag wieder, Mahlzeiten ohne Fleisch, ohne Ei, ohne Kaffee oder Tee und nur eine halbe Portion. Und auf diese Weise ist Paul heute insgesamt 5 Stunden gelaufen und gestiegen!

Wir müssen beide Übergewicht verlieren. Paul muß ausgesprochen mager werden.
Aber zu Dir, Liebe: nur eine kurze Zeile, wenn es ginge — vielleicht könnten wir anrufen, morgen? Damit die Stille nicht zu dunkel zwischen uns liegt! Hat es eine Erleichterung gegeben, eine Art Pause — oder geht es unerbittlich weiter?
Nimm als Zeichen unseres unverbrüchlichen Bei-Euch-Seins das Bild der Lichtenthaler Madonna, grüße Bertram und seid beide ihrer Hilfe empfohlen!

55.

Elisabeth an Paul und Christine

12. Oktober

Ihr Lieben!
Ich weiß Euch so nahe und Ihr seid mir ein echter Trost. Euren Dank habe ich Bertram überbracht, er meinte erstaunt: »Was ist denn mir zu danken?« — Er läßt Euch herzlich grüßen ... — Ich bin in Gedanken und mit dem Herzen so sehr in Euch, daß mir das Schreiben ein Fremdes und wie eine Verfälschung ist. Wie lange seid Ihr noch in Baden-Baden?
Um Bertram wird es immer heller, es ist, als fiele Schale um Schale von ihm ab. Der Arzt sagte mir: »Wir bestrahlen mit gedämpftem Optimismus weiter.« Mit großer Geduld trägt er alles — Lebenshoffnung und Todesahnen wechseln sich ab. Ihr aber sprecht das Richtige aus, das in meinem Herzen sich bestätigt, das die Wahrheit und den wirklichen Trost bringt. Ich selber vermag die Worte nicht zu finden.

Aber ich versuche unter hilflosen Tränen zu danken
für das, was jetzt mit uns geschieht.
Seid innig umarmt!

          Eure Elisabeth

       56.

Paul an Elisabeth

       Baden-Baden, 13. Oktober

Liebe, liebste Elisabeth!
Dein Brief kam heute an — Dank!
Es ist ein wunderbarer Verwandlungsvorgang, den
Du erlebst, in dem Du und wir alle mitverwandelt
werden. Es ist doch in Wahrheit so: es gibt keine
Dunkelheit, die nicht ein verborgenes Licht in sich
trüge.
Du schreibst, Du fändest keine Worte — ich fände
sie auch nicht, wenn sie mir nicht gegeben würden.
Sie fließen mir aus dem Sinn heraus zu.
Ein Tischgenosse nahm uns heute mit zum Mummelsee, der etwa 26 km von hier entfernt im hohen
Schwarzwald liegt.
Wir mußten zuerst die Nebelschicht durchfahren und
kamen dann plötzlich aus den Schatten und Schemen
heraus ins Lichte und Klare. Ein riesiges Nebelmeer
breitete sich vor uns aus, das bis an die Vogesen reichte und aus dem nur dunkle Waldbuchten und ferne
schmale Höhenriffe herausragten. Der Nebel dicht
und flockig und aufgewölbt wie weißer Schaum, darunter die Täler, die Dörfer, die Straßen, die Städte
versunken, darunter das ganze Leben der Menschen.

So ist unser Dasein, eingeschlossen, ohne wahren Himmel, ohne Sicht ins Weite, verhüllt und voll von ahnungshaften Schatten. Aber wenn unser Bewußtsein die Meeresoberfläche erreicht, dann wird alles rein und deutlich und voll Glanz.

Dieses Auflichten des Nebels, der dann selber zum Träger der hereinströmenden Helle wird, ehe er sich auflöst, ist etwas vom Wunderbarsten dieser Erde.

Der See ist klein, auf zwei Seiten von einer geschlossenen Tannenwand umfaßt, und in seiner Kleinheit und ursprünglichen Abgeschiedenheit von besonderem Reiz.

Seines Geheimnisses ist er durch das an ihm erbaute große Hotel und durch das Treiben der Menschen völlig beraubt. Ich könnte mir denken, daß man in einer Vollmondnacht, wenn seine Ufer leer und still geworden sind, noch etwas von seinem einstigen Wesen empfinden könnte.

Die Heimfahrt durch den immer dichter werdenden Nebel und die einfallende Abenddunkelheit hatte etwas Gespenstisches — man kehrt zu den Schatten zurück.

»Doch einmal wird der Morgen tagen,
an dem versinkt die alte Qual.
Dann wird der Becher aufgetragen.
zu der Erkenntnis heiligem Mahl.«

Gute Nacht, liebes Herz. Im großen Herzen sind wir ein Herz.

Deine Paul und Christine

Wir reisen am Samstag, den 24. 10., mittags hier ab und treffen abends zuhause ein.

57.

Elisabeth an Paul und Christine

Fr., 14. Oktober

Ihr lieben Beiden!

Eben kam Euer Brief vom 10. 10. Inzwischen habt Ihr sicher auch meine Nachricht.
Ach, Ihr habt gewartet! Das tut mir so leid. Man muß voneinander wissen, ja, das ist notwendig.
Ich versuche Euch anzurufen. Oft komme ich erst ein halb acht Uhr oder später aus dem Krankenhaus. Er trinkt dann so gegen ein halb sieben Uhr abends noch die Milch, die ich ihm mitbringe, mit einem winzigen Stückchen Brot eingebrockt. Das Krankenhaus-Abendessen kann er nicht essen. Milch ist das einzige, was er ohne Widerwillen zu sich nimmt. Und danach ist es ihm ein großes Anliegen, daß ich ihm noch das Schüsselchen und den Löffel (unser eigenes) spüle. Dann kommt noch das Einpudern der bestrahlten Haut, ehe wir heimfahren. Bis jetzt fuhr immer eines der Kinder mit. Er hat keine Reserven mehr, aber immerhin bringt er es fertig, täglich im Zimmer hin- und herzugehen, wie ihm der Arzt dringend geraten hat.
Gestern fand ich ihn weinend und völlig aufgelöst. Folgendes war passiert: Als er unter der Kobalt-Bombe lag — man liegt in dem Strahlenbunker ganz allein während der Bestrahlung, während in einem Kontrollraum, wohl durch Fernsehen, immer ein Arzt und eine Schwester alles beobachten müssen —

und es Zeit gewesen wäre, daß jemand kommt, kam niemand. Er rief, schrie, gestikulierte, alles umsonst. Er kroch mühevoll vom hohen Bestrahlungstisch herunter zur verschlossenen Panzertüre. Niemand hörte sein Rufen und Klopfen. Inzwischen fing die Kobaltbombe selbsttätig wieder zu »brüllen« an. Endlich, nach vielen Minuten in Todesangst, kam der junge Arzt, roch nach frischgerauchter Pfeife, kam auch die schnippische junge Schwester. Sie waren nicht auf ihrem Posten gewesen. Wenn man sie allzusehr rügt, kündigen sie. —
Insgeheim war mir für Euch etwas bange, als ich hörte, wie scharf Eure Kur begonnen hatte. Ja, man kennt seine Belastbarkeit besser als andere. Schreibt mir, wie es weitergeht!

Alles, alles Liebe!
Eure Elisabeth

58.

Christine an Elisabeth

Baden-Baden, 14. Oktober

Liebe, es ist wieder Abend, und auf der Straße lärmt der Verkehr vorbei. Wir haben uns daran gewöhnt, so gut es geht.
Heute, mittags, vor dem Ruhen, nahm ich das mitgebrachte Buch Lucie Christine »Geistliches Tagebuch«, das Guardini aus dem Französischen übersetzt hat, zur Hand, und traf auf eine Stelle, die mich so unmittelbar an Dich erinnerte, daß ich sie Dir schreiben muß.

Lucie ist mit sich selbst unzufrieden. Sie glaubt »in diesen Tagen übergroßer Qual« nicht so wie sonst gebetet zu haben. Da erhält sie die Antwort von Christus: »Hab keine Furcht — dein Leiden selbst, das du aus Liebe zu mir willst, ist ein Gebet. Wenn Dein Wille in mir bleibt, dann bleibst du mit mir vereinigt und fühlst es kaum.«
Und sie selber fügt hinzu: »O gesegnete Worte! Ich wollte, ich könnte sie allen sagen, die da leiden. Mir ist, als könne der Friede mich nun nicht mehr verlassen, auch nicht in Unruhe und Angst.«
(Lucie war Adelige, Ehefrau, Mutter, Dame der Gesellschaft)
Gute Nacht, Liebe, grüße Bertram! Wir sind bei Dir.
Deine Beiden

15. 10.

Beim Tagesgrauen tausend Grüße!

Dein Paul

59.

Elisabeth an Paul und Christine

Fr., 16. Oktober

Ihr lieben Beiden!

Habt Dank für Euren Brief mit dem tröstlichen Wort von Lucie. Es ist wirklich so: oft vermag ich nur noch

Bertrams Leiden und meine Hilflosigkeit vor I H M
auszubreiten. Gestern bekam Bertram Blutübertragung und Tropf-Infusion (künstliche Ernährung).
Alles wird ihm zur Qual. Er war wieder sehr elend.
Rudolf, der ihn von einer Tagung in N. aus besuchte,
konnte kaum sprechen, als er ihn so sah.
Aber es war gut, daß er da war.
Alles Liebe — ich weiß Euch bei mir.

                                            Eure Elisabeth

60.

Christine an Elisabeth

                            Baden-Baden, 15. Oktober

Liebe, wir haben heute am Abend etwa zwanzig Minuten versucht, Dich anzurufen. Es gelang nicht.
Nun soll noch ein kurzer Gruß zu Dir. In einem der letzten Briefe schrieb ich Dir, daß Paul fünf Stunden gewandert ist, freilich nicht an einem Stück. Nun zeigte sich doch in der Nacht eine Überanstrengung in einer Herzkrise, Gott sei Dank nicht schlimm. Medikament, sanftere Behandlung und weniger Gehen haben gebessert.
So wird man immer wieder auf sich selbst zurückgeworfen, oder lieber auf den innersten Arzt — auf Gott. Auf dies Wort stieß ich heute: Deus medicus intimus.
Wir haben am Mittagtisch einen Geistlichen, der blühend aussieht, beweglich, begabt. Kein Mensch glaubt, daß er am Rande steht. Diese Welt ist rätselhaft.

Es verlangt uns sehr ein kurzes Wort über Bertram zu hören oder zu lesen. Muß er sehr leiden? Wie geht es Dir? Gebe Gott, daß Deine Kraft durchhält »in dem, der Dich stärkt.« —
Wir sind bei Dir. Grüße Bertram.

Dein Paul und Christine.

Liebe Elisabeth, es geht mir schon wieder gut und ich denke fest an Euch. Diese rätselhafte Figur, die wir Leben heißen, wird ihre Erfüllung finden.
In aller Liebe

Dein Paul

61.

Paul an Elisabeth

Baden-Baden, 17. Oktober

Liebste Elisabeth!
Dein Brief mit der Schilderung von Bertrams Unfall hat uns sehr bewegt. Wie ist man heute, wo das Gefühl für Verantwortung so am Boden liegt, dem Mitmenschen ausgeliefert!
Und Bertrams Todesangst! Man glaubt, daß man, da man von allen Seiten, besonders von den großen Weisen und Eingeweihten her beruhigt und belehrt wird, daß kein Augenblick den Menschen so befriedigt und erhebt wie der des Todes, man glaubt, daß man selber außer dem Gefühl, mit dem die Natur sich sträubt, keine Angst vor dem Tode haben würde.

Man glaubt das, aber wer weiß, wie es einem selber im entscheidenden Augenblick ergehen wird?

Man muß jedenfalls seine Todeszuversicht, ja Todesfreude schon jetzt in seinem Bewußtsein erwecken und festhalten und immer mehr verstärken und, wenn die Todesangst kommt, sich ihr stellen.

Ich denke da an Ramana Maharshi, den als jungen Menschen eine vernichtende Todesangst befiel. Er glaubte, daß er sterben müsse. Was tat er? Er legte sich nieder, bereit zu sterben, und ging den ganzen Vorgang mit der Frage an: »Wer ist es, der da stirbt?« Und indem er mit dieser unentwegten Frage den Anfall durchstand, drang er zu seinem unsterblichen Selbst durch.

Ich möchte Bertram wünschen, daß er den Tod in gleicher Weise anginge. Die Todesangst kann man nicht von sich tun; aber man kann sie durchstehen. Sie ist im Letzten unbegründet. Ich bete, daß Bertram diese Kraft und Einsicht gegeben werde.

Ich habe gestern die Hornisgrinde, den höchsten Berg des nördlichen Schwarzwaldes, bei klarem Wetter und eiskaltem Wind bestiegen.

Auch heute ist ein herrlicher Tag, der Wind hat sich etwas gelegt, die Kälte ist geringer. Wir sind mit dem Auto zur Yburg gefahren, die auf einem hohen Waldkopf liegt. Man sieht von hier den ganzen nördlichen Schwarzwald und die Rheinebene vor sich hingebreitet, Woge hinter Woge, unten Steinbach mit spitzem gotischem Turm, der Geburtsort Erwins, des Erbauers des Straßburger Münsters ...

Ich denke mir: Du darfst dies alles sehen und erleben, Bertram liegt unter der Kobaltbombe, und Elisabeth leidet dies alles mit ihm! Aber ich bin mir dar-

über im klaren, daß Deine, Eure Erlebnisse die ungleich wahreren, bedeutenderen und eigentlich entscheidenden sind. Ihr werdet zubereitet, uns ist noch eine Frist in der Welt des Vorläufigen gegeben. Aber wir müssen dies auch erkennen und alles nehmen als ein Vorübergehendes, vom Jenseits her Durchscheinendes, das uns mit dem lautlosen Fallen der Blätter und dem Verblassen der Berghöhen und dem honiggelben Versinken der Sonne im Dunst der Rheinebene mit derselben unerbittlichen, heiligen Stimme anredet.
Sei umarmt! Alles, alles Liebe für Bertram!

62.

Paul an Elisabeth

Baden-Baden, 20. Oktober

Liebe Elisabeth!

Regen und Wind! Das Laub beginnt schon da und dort zu fallen. Von meinem Regengang zurückgekehrt, finde ich Deinen Brief.
Danke, Liebe, daß Du noch Zeit für uns findest.
Was können wir tun, als jeden Schritt mit Dir und Bertram gehen? Wie schwer wäre das alles für Bertram und noch mehr für Dich, wenn es nicht einen ewigen Menschen in uns gäbe, den dies nicht anficht, weil es vergänglich ist.
Die griechische Sage von den Dioskuren! Einer ist der Himmlische, einer der Irdische. Und der Himm-

lische nimmt den Irdischen an sich, damit auch er himmlisch werde. Es gibt auch im Himmlischen ein »Mehr« durch das Irdische.
Ich lese für Dich in Meister Eckhart:
»Gott will *diese* Weise und keine andere, und darum muß notwendig diese Weise die beste für Dich sein. Siechtum, Armut, Hunger, Durst oder was sonst immer Gott über Dich verhängt, das alles ist stets das Beste für Dich...«
»Du mußt wissen, daß die Freunde Gottes niemals ohne Trost sind; denn was Gott will, das ist ihr allerhöchster Trost, es sei Trost oder Untrost.«
Im Hinblick auf das Dasein nach dem Tode: »Auch ist nichts in Gott, das zu fürchten wäre, was in Gott ist, das ist nur zu lieben.«
Übermorgen ist unsere Schlußuntersuchung. Am Samstag, den 24. 10., reisen wir und sind abends daheim.
Gestern Abend um fünf Uhr ging ich in die kleine gotische Kirche des Klosters Lichtental. Die schmalen farbigen Fenster leuchteten noch im letzten Licht. Es war niemand in der Kirche als zwei Frauen, die hinter mir knieten. Langsam kam die Dämmerung in den leeren, stillen Raum. Da setzte hinter mir, oben im Chor, die Orgel ein und die Nonnen sangen die Vesper. Die Süße der Frömmigkeit war in den kindlichen, hellen Stimmen, sie waren wie eine einzige Mädchenstimme in ihrer Reinheit. Ich horchte ganz verzaubert hin. Indessen wurde der Raum langsam dunkler, das Chorgewölbe und die Fenster standen so vor mir, und die Dämmerung ließ diese Stimme in immer gleichem Tonfall wie einen Strahl aus sich hervorgehen. Ich konnte mich kaum losreißen.

Am Abend waren wir in einem Liederabend der Elisabeth Grümmer (Mozart, Schubert, Brahms, Hugo Wolf). Was war das gegen die vox coelestis vom Kloster Lichtental! Aber auch dieser Konvent stirbt aus.
Einmal, in nicht zu ferner Zeit, wird diese himmlische Kinderstimme verstummt sein. In den Gefilden der Wahrheit aber wird sie weiterklingen.
Lebwohl und gute Nacht! Gute, gute Nacht!
Sage Bertram in Gedanken alles das, was wir ihm sagen wollen.

63.

Paul an Elisabeth

Baden-Baden, 23. Oktober

Liebste Elisabeth!

Der letzte Abend hier.
Wir kommen von der Ebersteinburg, von wo aus sich ein endloser Blick auf die Rheinebene auftut. Weich hinziehendes Regengewölk ließ die Fernen verdämmern, Lichter und Schatten über der meerweiten Ebene, da und dort grell aufleuchtende Ortschaften. Noch ist alles im Laub und leuchtet in der letzten Sonne.
Morgen um diese Zeit nähern wir uns schon der Heimat.
Die End-Untersuchung hat gute Resultate gezeigt.

Mein Herz ist kräftiger geworden und der Blutdruck hat sich normalisiert.
Aber Christine hat sich durch das viele Gehen die Füße überanstrengt, so daß sie nur mit Schmerzen weiterkommt.
Heute haben wir, zum Dank für die gelungene Kur, einen Gralsbecher aus böhmischen Glas gekauft.
Bertram und Du sind immer bei uns. Wir empfangen alles, als empfingen wir es nicht. Die Frage ist uns aufgestiegen, ob es sinnvoll ist, Bertram so in der Qual hinzuhalten. Es scheint ja doch nur eine Verlängerung der Schmerzen zu sein. Wenigstens kommt es einem aus der Entfernung so vor. Aus unmittelbarer Nähe ist vielleicht alles anders.
Die Koffer sind schon aufgegeben, die Rechnungen bezahlt. Morgen abend werden wir uns in unseren niederen Kämmerlein zur Ruhe niederlegen. Dann richten sich unsere Herzen von da aus auf Euch.
Was ist Zeit und Ort! Wir selbst sind unsere Zeit und unser Ort. Baden-Baden, eine Welt, schwindet morgen mittag hinter uns weg. Wir werden die Gipfel im Schnee vorfinden. Wie oft sind wir aus der Fülle warmer Gegenden in diese Winterwelt zurückgekehrt.
Sei umarmt, liebes Herz! Es ist alles wie ein Wahn, der sich gegen eine große Wirklichkeit hin lichtet.
Gute Nacht! Möge Gott mit seinen Engeln Dich trösten!

Nachschrift Christinens am Morgen der Abfahrt

Sollte man Bertram nicht erst auf *seinen* Wunsch hin heimnehmen, liebes Herz? Denn wie sollst Du

die Pflege leisten, so erschöpft? Wir bitten, daß es sich
recht füge. Er tröste Dich!
Bei Dir — die Deinen.

64.

Paul an Elisabeth

N., 27. Oktober

Liebste Elisabeth!

Heute holt Ihr Bertram heim — heim im doppelten
Sinne, immer aber in seine Heimat. Bis diese Zeilen
bei Dir sind, ist er schon bei Euch und wenn er vollends heimgeht, ist er ganz bei Euch.
Du hast am Telefon gesagt, sein Gesicht habe einen
majestätischen Ausdruck bekommen. Majestätisch
trotz der äußersten Schwäche!
Dieser Ausdruck bedeutet, daß das Ich nun ausgelöscht ist und sein unvergängliches Wesen zum
Durchbruch kommt. Dies zu erleben ist eine große
Gnade für Dich.
Du sagtest, Du habest ihn freigegeben. In eben dem
Maße gehört er Dir. Alle diese Dinge, von denen wir
in der Theorie reden, werden nun in Dir zur Wirklichkeit. Du erlebst eine Einweihung, nach der wir
vorerst nur unsere Hände strecken können.
Daß dabei auch die höchsten seelischen Schmerzen
sein müssen, wird dem Herzen klar. Das ist die Passion, ohne die es keine Verklärung und Befreiung
gibt. So, nur so, gelangt man in die Wirklichkeit. Sie

muß, wenn sie uns zuteil werden soll, uns alles abverlangen.

Das Selbst, das Du jetzt in Bertrams Zügen gespiegelt siehst, ist nicht etwas, was nur für eine Zeit da ist und sich Dir dann wieder entzieht, es ist das Bleibende und immer Gegenwärtige. Es ist das große Geschenk.

65.

Elisabeth an Paul und Christine

Fr., 28. Oktober

Könntet Ihr doch sehen, wie schön er geworden ist! Es ist das Antlitz, das ich immer schon liebte — wie gemeißelt in makelloser, hoheitsvoller Reinheit und Würde.

Seine Augen sind in die unendliche Weite gerichtet, staunend und verwundert.

»Der Mapocho« (das ist ein Fluß in Chile) rief er. »Ich muß ins Boot!« — »Hast Du das Taxi bestellt?« — — »Ich bin sehr in Eile.« — »Richte zwei Anzüge her, ich muß heraus!«

»Muß ich jetzt sterben?« fragte er heute früh.

»Ja, bald«, sagte ich, »aber ich warte auf Dich und Du wartest auf mich. Und viele holen Dich drüben ab.«

Wir winkten uns mit den Augen zu. Keine Emotion mehr. Große Ruhe, wenn das Zerstörungswerk im Körper einmal aussetzt.

Dann, eine Zeit später: »Da sind ja Menschen! Sind

das die, die mich abholen? Das sind nette Leute.«
Er redet viel wirr. Im Augenblick schläft er.
Es kann höchstens noch Tage dauern.
Als er gestern nach der Heimkehr in sein Bett gelegt wurde, setzte diese letzte Phase ein. Er lag lange Zeit still und blickte nur zur Decke.

Alles, alles Liebe

                                          Eure Elisabeth

66.

Elisabeth am Telefon

                            29. Oktober vormittags

Er ist seit heute Morgen in den letzten Zügen. Sein Tod kann schon in einer halben Stunde eintreten, gewiß aber in dieser Nacht. Morgen früh hat er es überstanden.
Er atmet sehr flach, das Herz schlägt ganz schwach und unregelmäßig, er ist nicht mehr bei sich.
Sein Ausdruck ist wunderbar.
Eine feierliche Stimmung ist im ganzen Haus.
Wir sind alle ruhig und im Frieden.

                            In der Abenddämmerung
Es ist vorüber.
Er strömt so in mich ein, daß ich nicht weinen kann.
Was sind Tränen gegen das, was da geschehen ist!
(die Stimme bricht ihr)

67.

Paul an Elisabeth

N., 30. Oktober

Liebste Elisabeth!

Das Leben der Leiden ist vorüber, das Dasein der Beglückung beginnt...
Wir wollen ihn nicht durch Trauer festhalten.
Der ängstliche Traum, den wir Leben nennen und der immer im Schatten des Todes steht, solange man das innere Auge nicht dem Licht geöffnet hat, ist nun für ihn zerronnen.
Was hindert uns, daß er nicht auch uns zerrinne? Jetzt schon?
Ich halte mir das Eine fest:
Das Furchtbare und so sehr Gefürchtete — mit einem Augenblick ist es nicht mehr, es ist überstanden, überwunden.
Es kann keine letzte Wirklichkeit gewesen sein, so herzzerreißend wirklich es schien.
Wenn dies oder ähnliches oder anderes uns treffen sollte, uns am eigenen Leibe — es würde vorübergehen. Es würde ein Augenblick kommen, wo es plötzlich nicht mehr wäre, wo es wie ein Traum zerränne. Unser innerstes Herz müßte nicht erschrecken davor.
Ich habe gesagt, daß es keine letzte Wirklichkeit gewesen sein kann — aber es war eine letzte Wirklichkeit darin und dahinter, und die offenbart sich in Bertrams verklärten Zügen. Diese Wirklichkeit hat sich unseren staunenden Augen dargestellt. Diese

Wirklichkeit ist Leben, bleibendes Leben. An ihr teilnehmen zu dürfen, ist Gnade.

Liebe Elisabeth, Bertram ist Dir nicht genommen, sondern gegeben. Er ist Dir zu einem reinen Besitz geworden, und die Reinheit dieses Besitzes kann nicht mehr getrübt werden.

Du wirst jetzt Trauer, Leere, Verlassenheit empfinden; aber was so empfindet, ist nur das Sinnenbewußtsein und die äußere Seele. Die innere Seele wird mehr und mehr beglückt werden, und diese Beglückung wird immer zarter und reiner werden.

Wenn all der Wust der äußeren Pflichten vorüber ist, wenn Du zur Ruhe gekommen bist — für äußere Naturen der schwere und kritische Augenblick — dann beginnt für Dich eine neue Phase des Zusammenlebens mit Bertram.

Du hast jetzt eine Einweihung durchgemacht, in der Du Freiheit von Deinem Ich erlangt hast, ein unendlich kostbares Geschenk! Und dies setzt Dich in die Lage, vom Schmerz zum Frieden, vom Verlust zum Neugewinn überzugehen, die Gegenwärtigkeit alles Seelischen und die Gegenwärtigkeit Bertrams zu erfahren.

Im Grunde gibt es keine Trennung, sie verschwindet, wenn wir in »den Grund« gelangen. Der Grund ist der eigene innere Seelengrund. Versperre Dir sein Gegenwärtigsein nicht durch den Gedanken und das Gefühl: »Er ist mir genommen! Ich habe ihn verloren. Er ist nicht mehr da!« — Wende Dich vielmehr der Wahrheit zu: »Jetzt, jetzt ist er ganz da, ist ganz in mir! Gott sei Dank!«

Gott und Bertram werden Dich trösten, so wie sie Dich bis jetzt getröstet haben.

Was soll Dir jetzt noch widerfahren?
Wir nehmen Dich an unser Herz.
Sei nur jetzt wach und halte still!

Deine
Paul und Christine

68.

Gespräch am 30. Oktober

Elisabeth: Es ist alles gut bei uns. Wir sind alle ruhig und einverstanden.
Bertram liegt wie ein Engel da. Michael hat ihn empfangen und hinübergeleitet. In lucem sanctam ...
Bertram hat uns ein heldenmütiges Sterben gezeigt.
Über seinem Bett hängt ein altes Kruzifix mit schräg ausgespannten Armen.
In der gleichen Stellung hielt sich auch Bertram in den letzten Tagen. Gleich nachdem er in sein Bett gebracht worden war, bat er, man möge ihm die Vorrichtung zum Aufrichten über dem Bett anbringen. Danach griff er dann immer und lag so mit ausgespannten Armen, wahrscheinlich, um sich das Atmen zu erleichtern. So glich er ganz dem Kreuzabbild.
Das letzte verständliche Wort, das er gesprochen hat, lautete: »Mama!«

69.

Elisabeth an Paul und Christine

Fr., 14. November

Ihr wißt es, was nach einem Todesfall für ein Wust von Geschäften über einen hereinbricht. Ich schreibe, schreibe, und kann den Liebsten nicht schreiben. Zu Euch kommen? Es geht nicht, ich muß in der Nähe bleiben.

Plötzlich ist wieder etwas zu tun. Und Oma, sie ist 83 geworden, es ist, als wären wir einander auf eine ganz neue Weise gegeben. Ich müßte sie mitnehmen, aber das will sie nicht.

Der Kopf voll Wust, das Haus wie ausgeleert, obwohl die Kinder oben wohnen. Ich kann in meinem Zimmer hinten neben Bertrams Zimmer nicht schlafen, noch nicht — o nein. Wenn die Tür zu Bertrams Zimmer durch einen Luftzug aufginge, wenn ich seinen Schlafrock hängen sähe!

Michael, mein guter Zweiter, drängt in uns, wir sollen zu ihm kommen, das ist eine Bahnstunde weit weg, so daß ich gleich wieder an Ort und Stelle wäre — ein Vierteljahr oder doch ein paar Wochen, bis das Schlimmste vernarbt ist, wie er sagt.

O guter Michael, was soll hier vernarben?

Ich weiß nicht, ob ich es tun soll. Muß ich es nicht hier durchbringen?

Ob ich Bertram nicht spüre?

Ich war noch nicht ruhig genug, noch nicht zärtlich genug, noch nicht genug ohne mich. Ach, werde ich es jemals sein?

70.

Paul an Elisabeth

N., 17. November

Hier oder dort spielt keine Rolle. Die Leere ist überall, und die Fülle kann überall sein.

Als mein Vater gestorben war, kam sogleich eine Lichtflut über mich und füllte jeden Raum. Ich sah meinen Vater überall blicken, ganz still und heiter, oder lächeln.

Jetzt ist die schwere Zeit, die entscheidende Zeit, ich weiß es, jetzt will der Wahn der Verlassenheit das Herz ergreifen, und die Augen und Ohren leisten ihm Vorschub. Sich ablenken, zerstreuen? Nur dann, wenn Gefahr besteht, daß man in den dunklen Trichter fällt, den Wahntrichter. Man lenkt sich aber zugleich von der Gegenwart des Hinübergegangenen ab.

Sag es nur, wenn wir Dir jetzt nicht schreiben sollen. Wir dürfen uns nicht zwischen Dich und Bertram stellen. Wir dürfen nicht mithelfen, Dich »abzulenken«. Geh nur zu Michael und schlage neue Wurzeln! Irdische Wurzeln. Aber schlage auch himmlische!

71.

Elisabeth an Paul

Fr., 19. November

Es ging mir lange durch den Kopf und durchs Herz. Du hast recht, ich darf mich von der Wahrheit nicht ablenken.

Maria stellt man oft mit den sieben Schwertern dar.
Sie tut sie nicht weg. Sie hat sie immer in der Brust,
auch wenn sie die Krone aufhat und den Königsmantel an.
Eine Bitte, Paul! Kannst Du sie mir wohl erfüllen?
Das Vesperbild! Es ist jetzt immer vor mir. Ich muß
in dieses Bild hineingehen wie in ein Haus.
Wenn Du die Liebe hättest und nach Maria im Getänn führest (mit dem Auto ist es ja nicht so weit!)
und mir eine Aufnahme machtest! Du weißt selber,
wie — möglichst von vorne, daß sich das Gesicht der
Madonna ganz darbietet. Wenn Du das tätest ...
Ich weiß, daß Du es tust.

72.

Elisabeth an Paul und Christine

A., 20. November

Ihr Lieben, ich hab es vergessen zu sagen: Ihr müßt
mir immer schreiben. Ihr seid nicht zwischen mir und
Bertram, wir alle Vier sind eins. Dann, wenn man alles sinken läßt.
Ich bin nun mit Oma doch zu Michael gegangen. Es
sind zwei Enkelchen da, die mich immer am Rocksaum fassen. Ich soll mit ihnen zeichnen und malen,
Baukasten spielen und singen. O du mein Gott, auch
singen!
Ich bin beschäftigt, mit allem und mit nichts. Es ist
aber, wie wenn im Verborgenen ein Sieb geschüttelt
würde, und die ärgsten Brocken fielen durch.

73.

Christine an Elisabeth

N., 20. November

Paul wollte noch zehn Tage auf den Michelsberg, um wenigstens ein Stücklein voranzumachen, ehe die Kälte einbricht. Es ist ja noch fast sommerlich warm. Aber ich habe es ihm ausgeredet. Was zum Vorschein kommt, ist ein Zyklus des Lebens Jesu, alles feierlich und großartig, manches freilich kaum erkennbar. Aber die Tage sind schon kurz, das Licht kommt spät und erlischt schon bald — man sollte solche Dinge nicht bei künstlichem Licht arbeiten.
Es kommt etwas Falsches hinein.
»Fahr lieber nach Maria im Getänn!« sagte ich. Da fuhr er.

74.

Paul an Rudolf und Gabriele

N., 24. November

Liebe Kinder!
Packt dieses Photo sorgfältig aus und stellt es in dem Zimmer auf, in dem Eure Mutter nach ihrer Rückkehr wohnen wird.
Habt schönen Dank!

Euer Onkel Paul

75.

Elisabeth an Paul und Christine

27. November

Ihr Lieben, das Vesperbild!

Ich war mit Oma gut angekommen, und Oma war sichtlich erleichtert, hier wieder geborgen zu sein. Die Kinder empfingen uns lieb, und wir waren wie in ein warmes Nest gebettet.
Ich war entschlossen, wieder in mein altes Zimmer zu ziehen, in das ich mich bisher nicht getraut hatte. Ich tat die Tür auf, mit Herzklopfen, glaubt mir!, und da stand das Vesperbild.
Ich konnte nicht anders, mir stürzten die Tränen herab. Das ist Bertrams Gesicht, so wie er im Tode war. So ganz bis auf den letzten Rest von den Händen Gottes ausgemeißelt. Es ist nichts mehr daran, was man entbehren könnte, es ist ein einziges Wahres, Letztes, Furchtbares und Erhabenes, Schönes — ach, ich kanns nicht sagen!
Wie Du einmal geschrieben hast: die Wunden sind wie Rosen ausgeblüht. Da — ich schicke Euch Bertrams Totenbild. Rudolf hat es aufgenommen, es ist ihm gelungen.
Nur dies tröstet, nur dies!
In dieser Nacht träumte ich zum ersten Male seit seinem Heimgang von ihm:
Ich stehe in Rudolfs Wohnzimmer neben dem Ofen nahe der Türe, frühmorgens, im Nachthemde noch. Bertram geht, ohne mich zu beachten, fertig angezo-

gen, in Mantel und Hut, an mir vorbei zur Türe hinaus. Ich wundere mich, daß er mir nicht gesagt habe, er wolle zur Frühmesse gehen (es ist Sonntag), und überlege mir, mich schnell anzuziehen und ihm nachzukommen. Aber ein Blick auf die Uhr sagt mir, daß die Messe längst begonnen hat. Ich bin etwas betrübt darüber. Es stehen mehrere Leute im Zimmer und im Garten.
Ach, ihr Lieben, ich denke sehr an Euch — viel mehr in und mit Euch. Dank, tausend Dank, Paul, für das Vesperbild!

76.

Christine an Elisabeth

N., 28. November

Liebste, wir haben das Totenbild mit Erschütterung empfangen und bewahren es mit aller Ehrfurcht auf. Das Vesperbild!
Kein Wort mehr darüber.
Das ist nicht mehr der Bertram, den wir kannten, das ist der Bertram, wie Gott ihn wollte.
Ich habe Silberdisteln gesucht für Bertrams Grab, ehe der Schnee kommt. An den Hängen über der Bachschlucht habe ich schöne gefunden. Sie sind noch geschlossen von der Nebelfeuchte. Ich will warten, bis sie aufgehen.
Bertram hat sie geliebt, das weiß ich.
Paul ist nach Maria im Getänn, er hat mit dem Grafen zu reden.

29. November

Die silbernen Sonnen sind schön aufgegangen, ihr mildes Strahlen erwärmt das Herz, jetzt, da überall Schnee liegt.
Ich will sie sorgfältig verpacken. Hoffentlich kommen sie unzerstört an. Ich denke oft daran, wie Du uns einmal (vor Bertrams Abscheiden) gesagt hast: »Ich habe ihn freigegeben.« Ich habe Dich ob dieses Wortes bewundert. O ja, es ist schon so: nur was wir freigeben, besitzen wir. Aber wie schwer ist es, es bis ins Innerste (oder Unterste) zu verwirklichen! Das Loslassen, das Leichteste von allem, fällt uns am schwersten. Wir glauben, wenn wir es tun, ins Nichts zu fallen.
Paul hatte gestern abend auf einmal Fieber (von der Fahrt nach Maria im Getänn?), gleich fiel mich die Sorge an. Wie froh bin ich, daß er den Michelsberg aufgegeben hat! Heute morgen ging es besser, das Fieber ist weg — aber er bleibt ein zerbrechliches Gefäß.
Liebe Elisabeth, schone jetzt Dein Herz, so gut es geht, es hat Erholung nötig.
Die Wetterstürze und Föhne allein sind anstrengend genug. Die Herzen mucken überall auf, sogar das meine. Lebwohl!

77.

Elisabeth an Paul und Christine

Fr., 30. November

Ihr Lieben, Guten!
Wie gern käme ich schnell zu Euch! Enger denn je sind wir beisammen. Und Bertram mitten drin in uns.
Aber das Wohnzimmer ist viel zu groß geworden, und da hinten im Schlaftrakt ist noch das Wehen und der Geruch vom lebenden, leidenden Bertram. Das muß ich jeden Tag neu überstehen. Auch die Stille, die anfangs so leer war. Ich suche Leben in sie einzuatmen. Stückchen für Stückchen, aber sie ist groß und mein Atem zu klein.
Mit Oma war ich zum erstenmal an Bertrams Grab. Es hat sie sehr erschüttert.

78.

Elisabeth an Paul und Christine

Fr., 1. Dezember

Die Disteln sind da, gut angekommen. Ich trage sie auf Bertrams Grab. Und Du, Paul, ich sage Dir, sei Du mir nicht krank! Ich dulde es nicht. Ich weigere mich jetzt einfach, Sorgen um Euch zu haben.
Ach, Ihr Lieben!
Es wird immer schwerer. Es ist oft, als hätte man

mich in der Mitte durchgeschnitten. Es braucht viel, viel Zeit!

Habe ich Euch die Sache mit der Achten von Bruckner geschrieben? Bertram hat sie oft auf dem Klavier gespielt, zuletzt an dem Tage bevor ihn das Fieber packte. (Das Fieber war, wie ich jetzt weiß, der Kampf des Körpers gegen die Metastasen.) Ja, da zum letztenmal.

Im Krankenhaus wars, als er mir weinend sagte, der erste Satz der Achten Bruckner verfolge ihn Tag und Nacht. Und dann zitierte er mir mühsam Bruckners Worte darüber: »Im ersten Satz ist der Trompeten- und Hörnersatz aus dem Rhythmus des Themas: die Todesverkündigung, die immer sporadisch stärker, endlich sehr stark auftritt, am Schluß die Ergebung.«
Am Schluß die Ergebung — die Ergebung.

79.

Christine an Elisabeth

N., 3. Dezember

Liebe! Weigere Dich nur! Unser Innerstes muß sich immer weigern, an den Hinfall zu glauben.

Dies Leben ist wirklich ein Wahn-Sinn. Und Trennug ist Wahnsinn, und Tod ist Wahn-Sinn. Deutlicher kann es einem nicht zum Bewußtsein kommen, als wenn man Bertram auf dem Sterbbildchen blühend lächeln sieht, in der ganzen Fülle seiner Natur. Mit der Achten Bruckner ging er in seinen Tod hinein — in jenen Tod, der kein Tod ist. Sein tiefstes Wesen hat alles gewußt.

Laß uns immer tiefer hineingehen in die Nacht des Glaubens! Und in unsere Schwachheit, aus der unsere Kraft kommt.

80.

Elisabeth an Paul und Christine

12. Dezember

Wir sind schon tief im Advent, in zwölf Tagen ist schon Weihnachten. Weihnachten ohne Bertram!
Ich meine das nicht im gewöhnlichen Sinn. Er ist mir jetzt wie weggenommen. Seit jenem Traume, wo er von mir wegging, ganz unnahbar, ohne mich anzusehen, hab ich nicht mehr von ihm geträumt.
Bis jetzt war er dahinten, wo unsere Schlafzimmer, das Bad und der kleine Flur sind, immer auf eine ganz bestimmte Art gegenwärtig. Das ist nun auf einmal nicht mehr. Im Geheimen hat mich bisher jemand getragen, nun stoßen meine Füße auf dem gefrorenen Boden auf.
Ich weiß nicht, wie ich es sagen soll, ich bin auf einmal allein.
Und in zwölf Tagen ist schon Weihnachten.

81.

Paul an Elisabeth

15. Dezember

Der Becher, der Becher — Du kennst ihn von Gethsemane her — der Becher muß ganz ausgetrunken sein, bis auf den kalten Rest. Wenn ich Dir anderes sage, ist es nicht die Wahrheit.

Aber dann, wenn er ausgetrunken ist, siehst Du seinen goldenen Grund.

Greif nur nach unseren Händen, wenn es zu schwer wird!

82.

Elisabeth an Paul

16. Dezember

Warum?

Die Fragen nehmen kein Ende — ich darf sie gar nicht aufkommen lassen.

Du hast am Telephon von »neuen Daseinsbedingungen« gesprochen. Warum muß Bertram sie jetzt haben und wir nicht? Warum kommt mir keinerlei Äußerung von ihm, einfach gar nichts? Kann er mir wirklich helfen, jetzt mehr helfen als »im Leben«? Hat er uns etwas zu sagen von drüben her, und wird er es auch tun? Tun können?

Warum dieser tiefe, unerbittliche Schritt?

Dann sage ich mir immer wieder, daß unsere Zusammengehörigkeit nicht zu Ende sein *kann*. Das kann einfach nicht möglich sein, wenn man so viel miteinander — aneinander gelitten hat.

Eben kommt Dein Brief.

Der goldene Grund — ach, der goldene Grund! Ich will glauben, daß es einen solchen gibt.

83.

Paul an Elisabeth

N., 19. Dezember

Liebes, gutes Kind!

Warum —?
Die Frage kommt, sie muß ja kommen, weil wir noch Menschen sind, die sich auf ihre Vernunft stützen.
Aber schau, das Schicksal kann mit Warum nicht erfragt werden. Es antwortet auf kein Warum, weil sein Warum kein Warum ist.
Die Warumfrage geht uns furchtbar an — sie geht uns so schrecklich an, um uns über die Vernunft hinauszutreiben.
Es gibt Antworten auf Deine Fragen, aber es sind keine Vernunftantworten mehr. Sie gehen auch nicht in unserer Erkenntnis auf, sondern in unserem Herzen. Dann, wenn wir unsere Verzweiflung durchgestanden haben. Mit geschlossenen Augen, ohne zu denken.
Die Antworten liegen in einer Sphäre, die ich »Glaube« nennen möchte. Diesen Glauben können wir uns nicht geben — aber er kommt als eine Art ganz geheime (fast möchte ich sagen »ganz widersinnige«) Erfahrung, wenn wir in der Verzweiflung durchgehalten, wenn wir die Verzweiflung ausgewartet haben.
Mir fällt da der Gang des babylonischen Helden Gilgamesch durch das Bergesinnere hin zum Licht des Jenseits ein — er will dort nach Tod und Leben fra-

gen. So tritt er den Weg durch den Höhlengang des Jenseitsberges an:

»Eine Meile bezwang er auf seinem Wege:
Dicht war die Finsternis, nicht gab es Licht.
Nicht läßt ihre Dichte ihn sehen, was vor, was hinter ihm liegt.
Zwei Meilen bezwang er auf seinem Wege.
Dicht war die Finsternis, nicht gab es Licht.
Nicht läßt ihre Dichte ihn sehen.was vor, was hinter ihm liegt.«
So durchmißt er vier, fünf, sechs, sieben, neun Meilen.
Immer die gleichen eintönigen Verse:
»Dicht war die Finsternis, nicht gab es Licht.
Nicht läßt ihre Dichte ihn sehen, was vor, was hinter ihm liegt.«
Zwölf Meilen erreichte er, da ward es helle ...

Die Finsternis ist eine Bewußtseinsfinsternis. Es ist die Finsternis dessen, der »Warum?« fragt. Es wird erst hell werden, wenn die zwölfte Meile, das Ende aller Vernunft, erreicht ist.
»Neue Daseinsbedingungen ...«
Ich meine das Dasein frei vom Leib mit allen jenen Umständen, die das leiblose Dasein hervorruft, wo das Licht uns durchdringt, ohne durch Haut und Fleisch aufgehalten zu werden.
»Warum muß Bertram sie jetzt haben?«
Weil Gott ihn abgerufen hat.
Warum hat er ihn abgerufen?
Weil ER es weiß.
Warum haben wir diese Bedingung nicht?

Weil wir noch unerwacht sind. Weil wir uns durchs Dunkel ringen müssen.

Warum müssen wir das?

Weil wir erst dann zum Begreifen des Lichtes gelangen.

Gibt es keinen anderen Weg, das Licht zu begreifen, als durch das Dunkel?

Gott weiß es. Er hat seinen Sohn durch das dunkelste Dunkel gehen lassen.

»Warum kommt mir keinerlei Äußerung von Bertram?«

Vielleicht kommt sie beständig; aber Du hörst sie nicht.

Warum muß ich dann so taub sein? Ich spanne doch mein Ohr zu ihm hin!

Solang Du es hinspannst, hörst Du nichts. Diese Dinge hört man nur mit entspanntem Ohr. Viele Verstorbene haben sich kundgetan, oft durch lange Zeiten hindurch. Pfarrer Oberlin hat 9 Jahre lang mit seiner verstorbenen Frau verkehrt, und sie hat ihm gesagt, daß der Wasserhahn im Keller laufe.

Warum bin ich ohne Zeichen?

Gott weiß es. Dir ist jetzt die Finsternis bestimmt. Eine große Bestimmung. Gott hat viel Zutrauen zu Dir, daß Er es nicht für nötig erachtet, Dich immerzu zu trösten.

»Kann Bertram mir jetzt wirklich mehr helfen als ›im Leben‹?«

Ja, und wenn er kein Wort spräche. Allein dadurch, daß er gestorben ist und »drüben« ist. Aber er hilft mehr. Du wirst es in entscheidenden Augenblicken plötzlich wahrnehmen.

»Hat er uns etwas zu sagen und wird er es auch tun?«

Er hat etwas zu sagen. Ob er es tun kann und wie, das steht bei Gott. Seine Sprache ist innerlich und kaum vernehmbar, ganz leise. Es ist Deine eigene Sprache.

Du wirst etwas wissen, über eine Situation ins Klare kommen, in fraglicher Situation richtig reagieren, ohne zu wissen, wieso. Aber von alledem abgesehen:

Bertram hat den irdischen Becher nur zum Teil ausgetrunken. Du mußt ihn für ihn ganz leertrinken und das, was Du dabei gewonnen hast, ihm bringen. Auf das wartet er.

Die Brücke zwischen Hier und Dort scheint abgebrochen. Aber sie ist es nicht.

Siehst Du nicht ein Lächeln von ihm in den Wolken, in der Regung des Gezweiges, im Flattern eines Vogels?

Als mein Vater starb (ich war damals 18), da war plötzlich das Licht meiner Jugend ausgelöscht. Aber ich sah sogleich ein inneres Licht, das sehr still und heiter war. Ich sah es nur in mir. Ein anderes Zeichen habe ich nicht bekommen.

Aber ich weiß, daß mein Vater lebt, und er ist bei mir, aber auf eine Weise, die ich nicht ausdrücken kann; denn es gibt nichts in diesem Dasein, das sich dem vergleichen ließe.

Das alles ist, damit wir über uns selber hinausgetrieben werden. Denn es darf einfach nicht sein, daß wir in dem Zustand verbleiben, in dem wir sind.

So viel hab ich mit Worten des Verstandes sagen können.

Es hilft nichts, wir müssen durch die via dolorosa hindurchgeschleppt werden wie unser Herr. Aber sie führt nicht ins Leere und Sinnlose.

»So seid auch ihr jetzt in Traurigkeit; aber ich werde euch wiedersehen: dann wird sich euer Herz erfreuen, und niemand wird euch eure Freude rauben.«
Sei umarmt von

Deinem Paul

84.

Elisabeth an Paul und Christine

Fr., 19. Dezember

Lieber Paul, liebe Christine!

Es ist, als hätte sichs Bertram zu Herzen genommen: Vergangene Nacht war er in drei Träumen nacheinander da.
1. Ich sprach mit einem Mann über ihn, da hörten wir auf einmal aus dem Nebenraum Musik, und ich erklärte dem Mann (ein Schulkamerad von Bertram) freudig: »Bertram spielt Bruckners Siebte auf dem Klavier.«
2. Bertram sollte ins Krankenhaus. Er war aber nicht krank, es war irgendeine Routineangelegenheit zu erledigen. An mich ging wortlos die Frage, ob ich mitgehe. Ich stimmte wortlos zu.
3. Ich sah im Raum Bertram an einem Tisch sitzen, ich sah ihn im Profil. Er sagte nichts, er schaute mich nicht an. Er war ganz unpersönlich, jedoch sehr angenehm. Ich sagte zu jemandem neben mir wieder ohne Worte): »Da wollen wir mal Bertram fragen.« Im selben Moment fiel mir ein, daß er

ja gestorben ist. Aber er war auf eine beglückende Weise gegenwärtig, nicht so wie im Leben, aber doch wesenhaft und wahr. Er war unnahbar, ich hätte nicht gewagt, ihn anzusprechen. Dies alles ohne jegliche Emotion.
Eine besondere Fröhlichkeit beim Aufwachen hielt den ganzen Vormittag an. Es war die Gewißheit: Er ist ja da, wir haben ihn nicht verloren; er gehört zu uns wie eh und je; nur ist alles etwas anders geworden.

85.

Paul an Elisabeth

N., 21. Dezember

Liebe!

Mit der gleichen Post geht ein Paket an Dich ab, unser Weihnachtspaket. Es ist sehr sorgfältig verpackt, und Du mußt es sehr vorsichtig öffnen.
Ich bin kein Freund von Überraschungen, sie sind wie Überfälle und haben etwas Rohes an sich. Es ist auch viel Selbstgefälligkeit des Gebers dabei, der den Empfänger außer Atem setzen will.
Darum sage ich Dir (da der Brief ja doch vor dem Paket bei Dir ankommt), was darinnen ist. Nichts anderes als das Vesperbild.
Christine kam auf den Gedanken, ob man nicht einen Abguß von dem Original in Maria im Getänn machen könnte. Dies ist ja möglich, man kann auch von

Holzplastiken Abgüsse machen und sie so fassen, daß sie ganz das Aussehen des Originales haben. Christine weiß, daß ich diese Technik erlernt und eine Zeitlang besonders geübt habe.

Ich fuhr also zum Grafen und bat um die Erlaubnis. Er zögerte im Anfang, im Hinblick auf meine Absicht aber willigte er schließlich doch ein.

Ich ging nun mit aller Sorgfalt ans Werk, und es ist ganz nach Wunsch gelungen. Abguß und Fassung habe ich hier in meiner Werkstatt gemacht, die beiden Stücke sind einander so ähnlich, daß man sie auf den ersten Blick nicht unterscheiden kann. Freilich darf man sie nicht mit den Händen anfassen, denn dann ist der Unterschied sogleich erkennbar. Und dann — das Original hat die geheimnisvolle Ausstrahlung, die ihm der Meister gab und die durch die jahrhundertelange Verehrung noch erhöht wurde.

Aber wir beide, Christine und ich, sind ungefähr drei Wochen lang jeden Abend vor dem Abguß gesessen und haben vor ihm meditiert, um ihm einen Hauch von Seele zu geben, und es ist uns, als hätte er auch schon angefangen zu leben.

Wir haben das Leid, den Tod, die unerbittliche Sterblichkeit meditiert, und den Schoß, der dies alles trägt. Du wirst dem Bilde erst vollends Leben geben, Dein Leben. Denn Du trägst den toten, lebenden Bertram an Deinem Herzen und auf Deinem Schoß.

Durch diesen Tod, wie durch ein Tor, wenn man es täglich betritt, geht es ins Leben.

Gott tröste Dich und segne Deine Weihnacht.

86.

Elisabeth an Paul und Christine

Fr., Weihnachten (Mitternacht)

Paul! Christine!

Ich habe mich in mein Zimmer eingeschlossen, als die Bescherung vorüber war. Ich bin vor dem Vesperbild gesessen, vor dem ich nur eine Kerze angezündet habe. Ich hielt den erstarrten, ganz abgemagerten Toten auf meinem Schoß. Meine Hand faßte die Blutrosette seiner Herzwunde. Ich ließ alles zu, die Tränen, den Schmerz, der nicht auszusagen ist, die Verzweiflung. Immer sah ich auf das im Zurückfallen erstarrte Haupt des Toten, das über alles hinaussteht.
Da verwandelte sich dieses furchtbare Haupt in eine Blüte. Ich getraue es mir nicht zu sagen, weil es wie eine Schwärmerei herauskommt: es war eine Himmelsblüte, noch nicht geöffnet, noch von einem stacheligen Kelch umschlossen, die aber, wenn sie aufgeht, ein unsagbares Wunder enthält.
Das habt Ihr mir getan! Dank! Dank! Dank! Ich kann wieder leben.

Das Vesp